大展好書 好書大展

大展好書 好書大展

休閒娛樂
32

測驗你的 IQ

蕭京凌／編著

大展
出版社有限公司

序言

所謂「智能」，並非僅是知識或經驗的累積，而是頭腦如何靈活應用知識及經驗的能力。

至於「學力偏差值」則和學習程度的高低有密切的對應關係。藉著它的數值大小，我們能夠迅速地判斷出學童頭腦的聰明與否。

欲得知一個人所擁有的知識能力原需做多方分析工作才能確知，現在則已發明出一套實際的分析方法，這就是「智力測驗」。

今天每個學校都定期實施各種智力測驗以客觀地評析每一學童的「智能指數」高低，然所得的結果如何卻不讓學童本人或其家長得知。所以，如果能夠知道自己或孩子的智能高低，對於預測未來發展的方向及成功的可能性是非常重要的。

本書內的各種測驗是根據基爾夫新近發明的智能觀念所編成的，而且各年齡層的試題都有，可適用於家中的每一分子。

對於頭腦的應用，有些人慣用右腦，有些人則常用左腦，藉著這些試題，除了能讓你知道一般趨向外，尚可由題目種類及其得分差別中確認其「頭腦適性」的能力。

目錄

智力測驗與智商測定

「智能指數」創始於法國

智力測驗的歷史至今未滿一世紀，它是由法國心理學家阿爾弗瑞·比尼於西元一九〇五年首創。

在創立的前一年，巴黎教育當局爲研究巴黎市內各學校裏智能較差的學童的教育方法，乃聘請阿爾弗瑞·比尼依實際情況做成三十個測驗題，以分析學童的「理解、判斷、推理」等能力。

這項測驗就連沒受過特殊學校教育的人也能正確回答出來，而且問題的難易程度尚分成若干等級。

結果，開始產生所謂精神年齡（智能年齡）的說法。

根據以上的方法，若某一位兒童能正確地解答出某一水準以上的問題，就稱爲「幾歲級」的智能，由此便可判斷出這個兒童的精神年齡，於是接著誕生了所謂「智能指數」的概念。

智能指數通常是以英文的頭一個字母ＩＱ（Intelligence Quotient）來代表，簡稱為智商，其算法是：精神年齡和生理年齡（實足年齡）的比數乘以一百倍，所得即是智能指數。

例如：兩個精神年齡是八歲的小孩，一位生理年齡只有六歲，其ＩＱ即為（8／6×100）一百三十三；而另一位小孩的生理年齡已達十二歲的話，則其ＩＱ只有六十七。

在這種情形下所得的指數並非數學上所說的指數，而是如統計學上所說的比例，與「物價指數」具有相同意義，其基準值是一百，比較其變動情形可獲得方便的指標顯示。

至於說ＩＱ的分布情形如何呢？結論是：在一次共同測驗中，其結果皆是呈常態分布（可參11頁的上圖）。

依現代標準的ＩＱ測驗顯示，佔總數50％的人ＩＱ都在90～110之間，其餘25％在110以上，剩下的25％則在90以下。ＩＱ140以上之所謂的「天才」型人物則僅佔總數的〇・五％。

●智能指數的計算法：

$$\underset{\text{（智能指數）}}{\text{IQ}}=\frac{\text{精神年齡（智能年齡）}}{\text{生活年齡（實足年齡）}}\times 100$$

智力測驗所形成的常態分布圖表，有些人認爲不可思議，有些人則認爲理應如此，到底其實際情形應如何呢？日本心理學家鈴木治太郎於一九五三年對一萬人所做的一次相同測驗結果顯示，其理論數值與前面所述之值相當，他依其分布所畫的圖表亦成一很整齊的正規曲線。

由以上的證據看出，頭腦在中等程度的人最多，這種現象已爲一般人所同意。當然，智能是隨著個人的年齡成長而逐漸發達，但到達某種年齡後，又與身高一樣停止增長。也就是說，由出生一直到十五歲左右的智能成長速率很快，十五歲以後的成長曲線則逐漸和緩下來，至二十歲即到達頂點，以後便與體力一樣慢慢減退。

越聰明的人其智力維持越久

關於智能的問題，通常IQ越高的人，其成長期也越長，減退的速度也越緩慢（參照圖表）。相反的，IQ低的人其成長期結束得早，也減退得快；甚至有些人

《智商的分布與分類》

（智商數值呈常態分布，可畫出如下的正規曲線來）

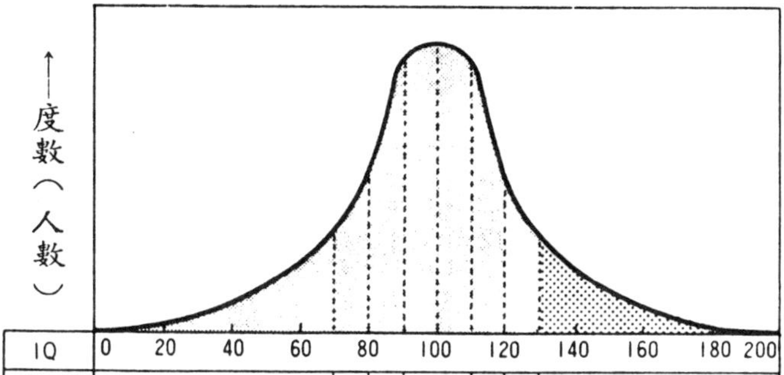

分類	最劣	劣	中下	中	中上	優	最優
理論%	2.2	6.7	16.1	50	16.1	6.7	2.2

《智能的發達曲線及其成長與衰退》

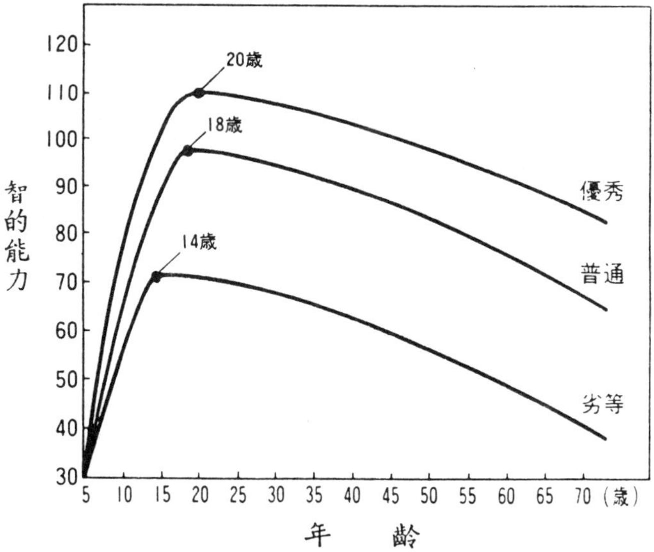

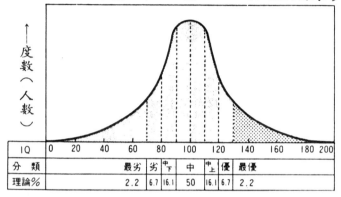

的智能猶未到成人階段，但身體已是成人的也有。

一般說來，精神年齡和生理年齡是同時往上升，且ＩＱ常保持在一百左右，然到二十歲以後，智能便不再往上升，只有生活年齡繼續增加，此時ＩＱ便失去了意義。

四十歲以上的成年人若以ＩＱ來計算，則其精神年齡還不到二十歲，所以此類的成人應改用智商偏差來測定其數值。

因此我們可以知道，ＩＱ測驗爲僅適用於小學一年級學生至大學學生的一種智能指標。

所以，對於一未滿六歲的小孩子來說，與其勉強地測驗其ＩＱ若干，倒不如以其父母的ＩＱ偏差值來預測此小孩的未來ＩＱ值較好。

智商集體測驗由美國陸軍首創

在法國首創的比尼式測驗傳到美國後發展成爲集體實施的智能測驗。這種首開風氣者是誰呢？答案是：美國陸軍。

在第一次世界大戰期間，美國陸軍需在短期內招募許多新兵，爲求在最短時間內選擇適當的士兵以使其適得其所，故舉行了大規模的集體測驗。測驗的方式有兩種，一種是使用文字的A式（語言式測驗）。另一種則是不用文字，而專以繪畫、圖形、記號、數字所組成的問題，稱爲B式（非語言測驗）。

這種集體的智能測驗方式和早先的比尼式測驗一樣很快地便流行於世界各國。

分析智能的本質及測定頭腦的好壞

談了以上的問題，我們不禁要問：測定頭腦好壞的智能本質是什麼？究竟何謂智能？

關於這個問題，我們並不能以智能的高低來隨意斷定頭腦的好壞，而其所包含的問題本身非常複雜，所以當被問到頭腦哪一方面較好時，實難立卽給予肯定答覆。

就正如有些小孩被認為「在學校書讀得很好」，有些則是「書讀得不好但頭腦很聰明」，或者是「記憶力非常好」，而有的則被認為「記憶力普通，但觀察力很敏銳。」

由上可知，評論一個小孩子頭腦的好壞，若光看他某一方面的表現是不夠客觀的。

比尼則將智能廣義地包括「理解、構想、傾向、批判和推理」等各項能力。後來便有人提倡智能因子說，正式展開了智能本質的論辯。

英國心理學家C·E·史皮姆在一次小學生的測驗結果中發現，有些小孩在某一測驗中表現良好，且在其它測驗中成績也很優秀，於是他發現了有密切關連的共同因子（G因子）的存在，和對於某些科特別有天分的特殊因子（S因子）的存在，遂倡導所謂的「智能二因子」說。

G因子（卽一般智能因子）大多為由遺傳而得的先天智能，包含①經驗的認識（認識自己經驗的能力）。②關係的選擇（對兩個事物以上之關係的認知能力）。③關係細節的選擇（在相關事物中了解其相關性質的能力）等內容。

S因子（卽特殊智能因子）。是由特殊的學習技能和經驗（環境因素）所決定。關於其決定因素所產生的結果，美國心理學家L・沙士頓在一項對大學生作的五十六種智能檢查中發現了七個S因子。

它們是：①知覺的速率。②空間的掌握。③數量的認知。④語言能力。⑤記憶力。⑥推理能力。⑦語言流暢等七種因子，智商的成績中就包括了此七種因子在內。

基爾夫的智能模型構造論和智能觀

由於受到沙士頓的因子說的影響，美國心理學會代表基爾夫發明了有名的「智能模型構造論」。

基爾夫認爲，在沙士頓發現的S因子種類中，混雜著有智能內容的部分及實際操作的部分，並沒有清楚地分析出智能的構造化和體系化的本質，於是作成如下的模型構造，因爲他認爲智能原是立體化的組成。

《基爾夫的智能模型構造圖》

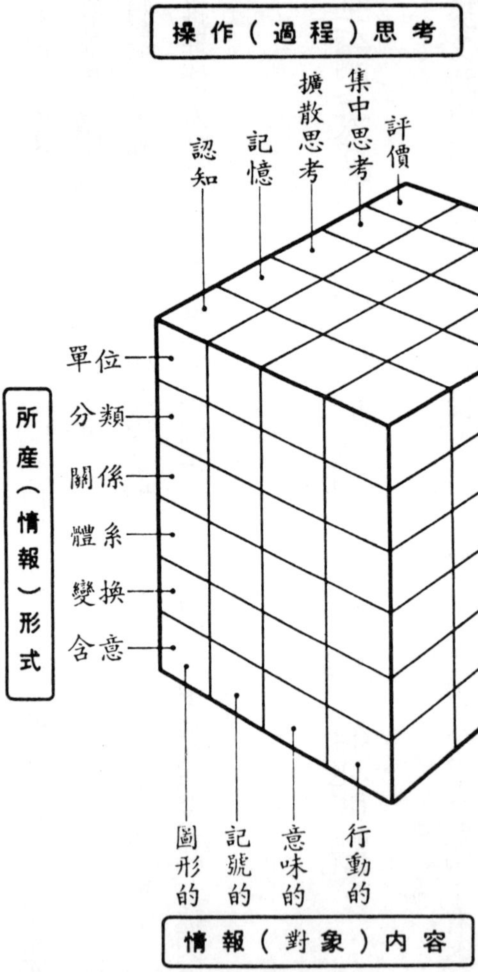

（4×5×6=120，共有 120 個智能因子）

而智能的作用如何？基爾夫認爲應先從處理情報的能力開始，即哪一種情報內容應用哪一種體操（思考）方式而產生哪一種形式的結果，他利用此種方式來綜合分析智能因子的性質。根據基爾夫的說法，依情報處理的操作所表現出來的情報內容有四種，形式有六種，而操作有五種。

所謂智能即是由這些因子相互組合而成的，共計有一百二十個智能因子。有了這些因子，我們才能發揮適應環境的能力，和發現問題及解決問題的能力。

這項由基爾夫所創造的新智能觀念給各方造成極強烈的影響，於是從電腦的程式設計開始，一直到全國的智能測驗都作了一些基本上的強行修改。

因此，最近的智能測驗大多是以經過修改後的基爾夫智能觀爲主。

關於智能觀的發展和變遷情形已於前面簡單說明過了，就因爲它包括的因素和人的性格一樣十分複雜，所以我們若不從每個角度加以分析綜合，實無法找出其本質來。

現在就讓我們對智能一詞下一個簡單明瞭的定義吧！所謂「智能」即是：①學習的能力。②將所學習到的知識、技能應用到日常生活中的能力。③依據所獲得的知識以產生選擇和適應的能力。

以上所說的定義乃是由美國心理學會所訂定的權威性定義，非筆者本身所妄定。

智力測驗是否專為老師而做

談完了智能本質論後，接下來便要討論如何客觀測定智能和利用智能的方法，這乃是智能測驗最重要的現實課題。

目前許多學校都實施各種心理檢查，尤其是中、小學校其最常利用的便是智力測驗。往往一年一次或兩年一次集體實施全校性、規模龐大的智力測驗。

在各個學校都已一再舉行各種學科的學力測驗後，爲什麼還要做智力測驗呢？原因是：兩者的測驗目的不同。

所謂學力測驗，卽是測驗學生學習成果，是爲老師及學生知道所學習到的成就水準如何而擧辦的，但智力測驗則是專爲老師教學方便而實施。

因爲智力測驗的結果通常都不讓學生本身或其家庭知道，幾乎是完全在秘密中進行，據其所得的結果來看，差不多有95％以上的老師們承認「有用」或者「非常有用」（可參照21頁圖表）。

另一方面自然也是因爲受測的學童們知道測驗的結果和學科成績無關，不影響到名次高低，所以考起試來心情十分輕鬆，準確度亦較高，而其在學生的手册「指導要錄」裏所記載下來的數字則有非常重大的意義。

至於老師對於學生們的ＩＱ高低如何利用呢？據了解，在教室裏，老師們不僅廣爲採用，且還積極地活用於教學方式中。

現在我們就將其要點說明如下：

⑴決定每一位學童的「學習水準」

在智力測驗中所測得的智能卽表示其學習成就的可能性，以及其知識方面的「潛在能力」。

因此，ＩＱ之值與各學科的學力測驗實有密切的相關性，ＩＱ高的小孩學習水準比一般小孩高些，ＩＱ低者，學習水準也低，必須重複做指導訓練。

智能和身高一樣，在十五歲以前會呈急速成長現象，故必須定期測驗才知道變動情形。

⑵可發現學業不振的兒童，予以適當指導

學力比ＩＱ低很多的學童卽稱「學業不振」的兒童。例如那些頭腦聰明但書讀得不好的小孩；或是生性偸懶的小孩及那些熱心正規學習以外事物的小孩等，都稱爲「學業不振」的兒童。

其餘如學力偏差値在中等以上，但ＩＱ又偏高的兒童也可視爲學業不振的兒童，因他無法發揮其天資秉賦的緣故。

學業不振的兒童很多，大都是教育、環境上的缺陷，且很多都缺乏有效的啓發動機，如果老師能發現其因素以消除阻力，使學童能配合其ＩＱ水準，並指導其學力向上提升，這是做老師的重要責任。

同時依ＩＱ高低可掌握知識的潛在能力，是很有效的客觀分析資料。

⑶爲了診斷班級構造和集體指導

每一班級都有其獨特的組成分子，由於學力、性格方面及交友關係或問題兒童

《學校教育利用智力測驗的情形》

● 有沒有做標準檢查的年度實施計劃

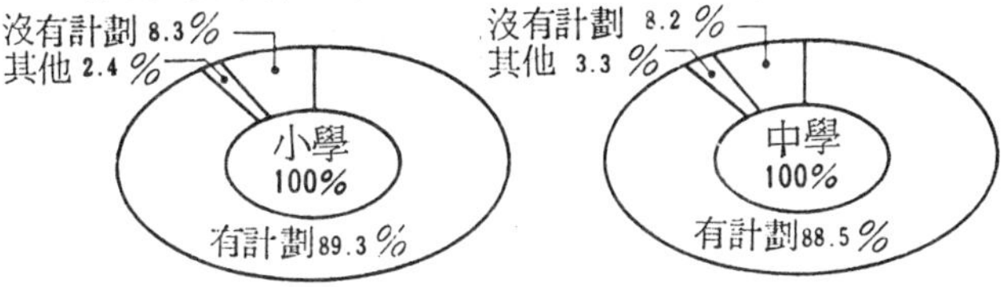

● 過去做了檢查，記載在指導要錄裏的有下列幾項：

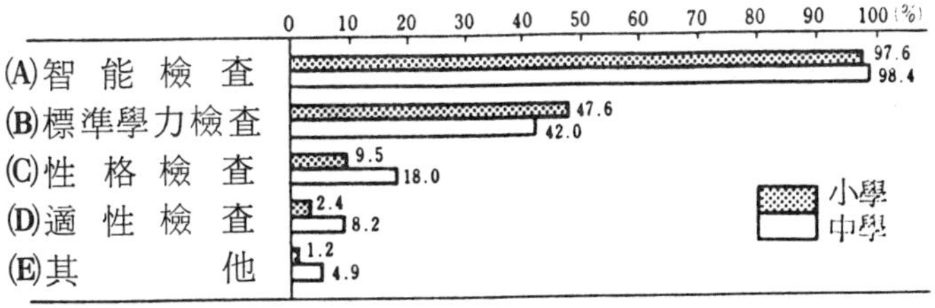

● 記入指導要錄的目的：

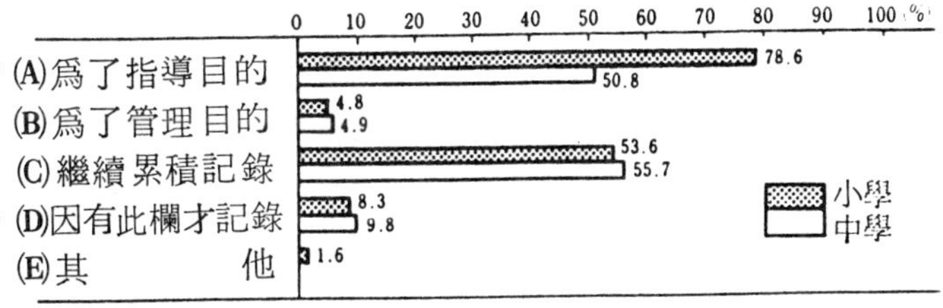

● 實施結果：

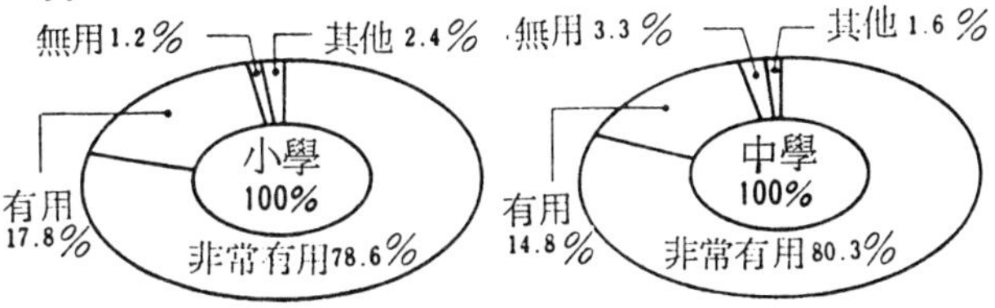

的存在等情形，再加上智能水準高低參差不齊的特性，造成每一班各有其特殊氣質及集體個性。

尤其是智能水準和其分布原就有顯著的班級差別或學校差異，如果能明確知道此一特點，至少在智能方面可明顯地劃分出班級組成分子，更能很容易地做成適當的集體指導計畫。

例如：班級的智能水準很高，學生素質很整齊的優秀班就可做高度有效性的集體指導；反過來說，智能水準差別太大的班級則必須考慮每一個人的特性，否則無法給予充分有效的指導。

實際上，智能程度原就有先天上的不平等，老師們若過於注重那些學業不振的學生，則可能會使全體指導的效果低落。

所以，對於老師們的教育指導方向，智商可給予非常重要的情報，若能有效利用，則不僅對老師本身，就是對學生及其家庭都可有良好績效。

IQ無法讓家長知道的原因

。

但是，這麼重要的情報爲何不讓家長知道呢？這其間實存在著非常微妙的關係。

從遺傳學上研究其同一來源的一卵性雙生兒的結果得知，智能的85％大都決定於先天環境，同時它還具有觸類旁通效果的性質。

所謂觸類旁通效果，簡單地說就是由於某一測驗或評價的優劣，很可能將其它事物也做同樣優劣判斷的傾向，這就意味著它是一種不公平的判斷，容易使人產生先入爲主及以偏概全的觀念。

而且老師假使是一情感豐富的人，則他會較注意IQ高的學生，且對他們有偏愛的趨向，自然容易產生觸類旁通的效果。

所以，結論是：若把IQ的數值報告給其本人或家人得知，論其功過，恐怕過的比例較多。

但是在家庭中，尤其是母親，因其具有觸類旁通效果，所以她很想知道自己孩子的IQ，當然這也是人之常情，無可厚非，時至今日，甚至有些補習班也會事先打聽學生之IQ，因此全國性標準化的智力測驗除了正規學校外，是不許任意實施的。

「一個問題平均六秒做完」的意義

實際上，在學校裏怎樣實施智能測驗呢？

智能測驗並不像一般學力測驗將考題的設定方式定型化，而是賦予許多意外性，而且有將近一半的測驗題都是平時少見，以圖形爲主的B式智能測驗。

通常都是由老師先說明作法，使所有學生都能充分了解，再做練習題或例題，對於不懂的地方儘量發問，這種正式測驗前的預備工作是挺花時間的。

老師告訴學生：「問題都很容易答，不用太緊張，只要迅速確實地作答就好，儘可能多做，答得越多越好！」然後一聲令下——「開始」同時按下碼錶計時。

智能測驗一次大都測驗二十個題目，限制時間是兩分鐘，也就是一道問題只有六秒鐘的時間可供思考。

時間一到，立刻喊「停！」然後再繼續說明及測驗第二項試題。

可能產生的問題便是學生們當天的身體狀況及其本身性格間的差異情形。例如：有些小孩說：「肚子痛」或「感冒」等身體上的各種不適都可能影響其成績。其中最重要的關鍵在於學生們性格及動作的快慢。因此，假使只做一次智能測驗，無法測出某些小孩眞正的IQ值來。

如果我們撇開身體狀況的問題不談，而從性格方面來分析，事實上，此項測驗對外向型的孩子較爲有利。

老師所說的：「要儘量做得快、做得多。」容易使學生們覺得時間不夠，而這種測驗本身可說完全和現代社會所講求的功效主義及加速提高生產力的想法一致，所以，此種測驗可說是依照此方向來製作的。

智能測驗為何對外向型的孩子有利

外向型孩子的性格大多傾向於明朗活潑、動作迅速，對事物不過分拘泥執著，較直率果斷，同時容易習慣新事物，對事採速戰速決原則，做決定十分明快，所以行動效率很高，善於衝刺，但缺乏耐心。

內向型孩子的缺點是容易害羞，非常小心，很在乎小事情，遇事容易猶豫不決，決斷力不足，但其個性沈著，有耐心，經過仔細考慮週詳後也能把事情做好，然效率不高，亦不善於往前衝刺。

當然，上面所說的是兩種典型的例子，彼此間亦有某種程度的差別，上述情況對其基本性格而言，和智能一樣同屬先天性，約佔其性向之85％，無法輕易地獲得改善。

頭腦聰明的小孩解答速度都比較快，但內向型的小孩中也有頭腦靈活的，而且一向很專心，對失敗很在乎，所以對於難解的問題十分固執，往往鍥而不捨地尋求答案以解決問題。

遇到這種情況，自然感到時間不夠，且往往會臨時怯場。

因此對於內向型很強的小孩應讓他充分習慣新事物，儘量增加其生活經驗，如果你能運用本書中的測驗來改善他的情況，那將是十分有意義的事。

總之，不要怕錯誤多，只要儘量答，也許他會比激進的外向型小孩考得好，而且動作快並不一定表示智能好，所以通常由於性格不同而形成的速度差別大多不予以考慮。

事實上，不管哪一種智力測驗，只要將限制時間延長兩倍，則所有問題都可以回答出來。但如果規定兩分鐘做好的問題，而命令他得在半分鐘內做好（IQ100），恐怕無法達成目標。然可喜的是，現在許多試題都考慮到性格的差異，而改以思考性問題爲主，因此對內向型的孩子並不會造成不利影響，至於選擇試題的難易問題就全在於學校老師的決定了。

由研究一卵性雙生兒的問題中得知，IQ的誤差若在正負5之間，則表示其可信度甚高。對一個IQ100的人來說，其誤差值卽在105～115的範圍內。

IQ並不是絕對值，而是一種相對的指標數字。

IQ可用「偏差值」來表示

在學童入學考試時大都是以偏差值來決定，且許多學校都相信此種偏差值的準確性，所以有許多例子中顯示ＩＱ是以智能偏差值來表示的。

偏差值是用標準偏差的一種十分麻煩的公式計算出來的，大家都認為步驟非常困難，實際上它所顯示的是一種單純而明快的指標。

就如字面上的意義一樣：「以基準點為準，表示其偏差的數值。」簡單地說就是和平均點之間的距離。

ＩＱ的平均值是100，偏差值是一百的一半50。由15至85之間的數值涵蓋了所有人的智能偏差值，且是呈常態分布的形式。由ＩＱ值欲得知其智能偏差值，只要依上面的公式計算即可。

●智能偏差值的算法：

$$\text{智能偏差值}=\frac{2}{3}\ (IQ-25)$$

這種公式連小學生都會算，如ＩＱ是130時，其智能偏差值就是70；ＩＱ90時則為43，只要知道ＩＱ值便可馬上算出其偏差值。當然也可以倒算回去，即是由智能偏差值中得出ＩＱ值來，至於現在則大多採用電腦來計算。

小學(1～3年級)
智力測驗

【測驗前的準備】

①嚴格控制測驗的「限制時間」。

②簡明扼要地加以說明，再讓他們做練習，練習時間久一點也無妨。

③限制的時間可延長至13分鐘。

測驗1

〔限制時間2分〕

這裏有一副積木，共有幾個呢？請你數數看！藏在後面看不見的積木也要算進去噢，請你將正確的答案寫在○內。

【練習】

3
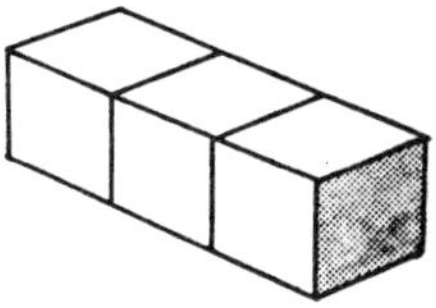

3
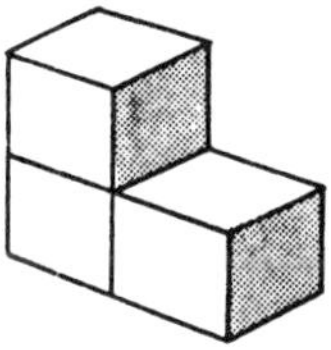

4
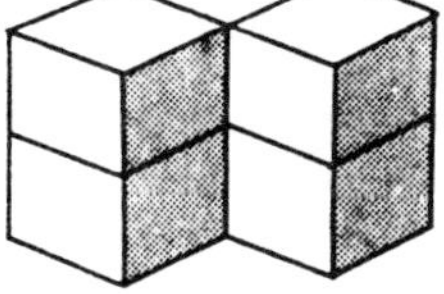

①

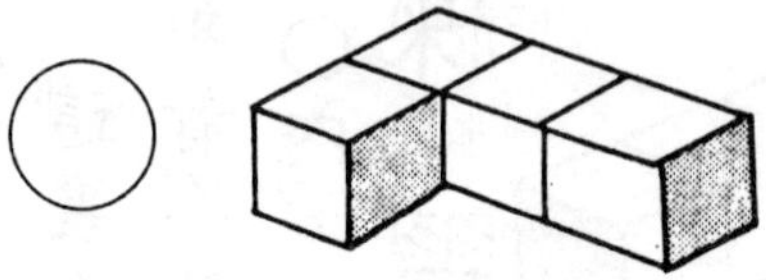

②

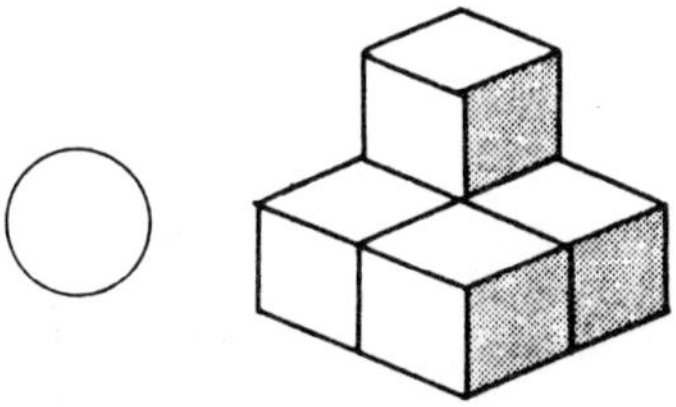

③

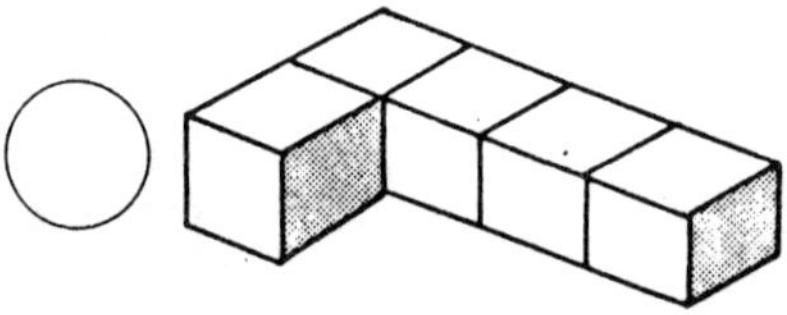

④

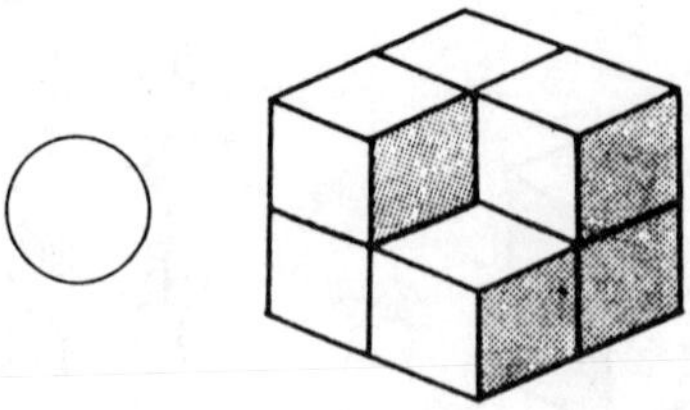

⑤

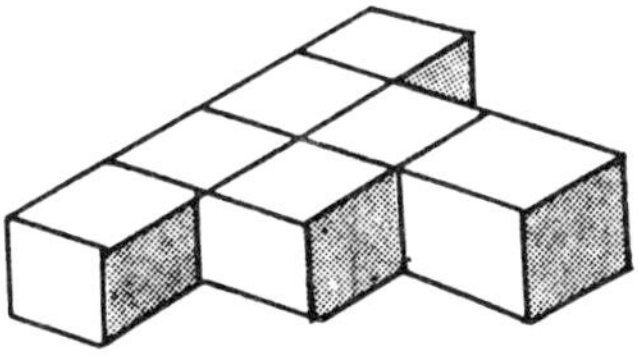

⑥

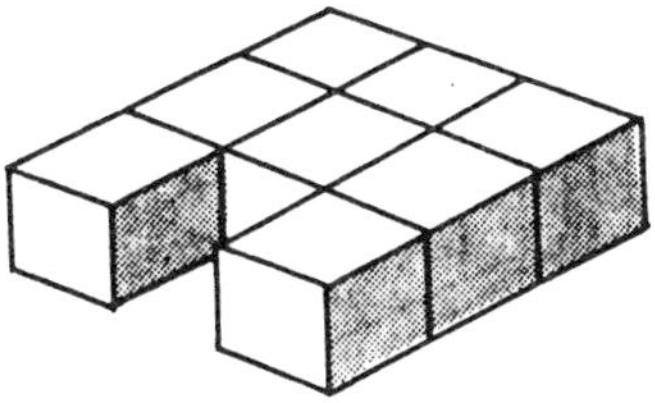

⑦

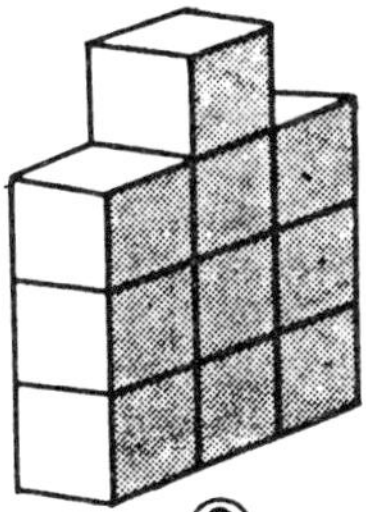

⑧

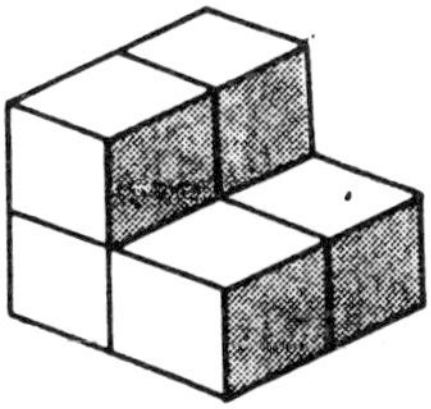

⑨

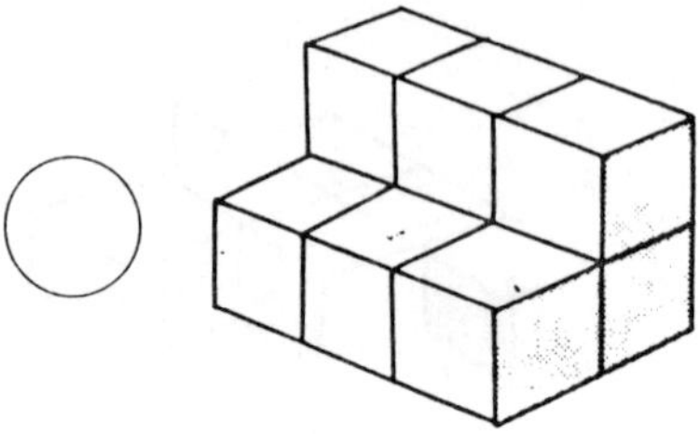

⑩

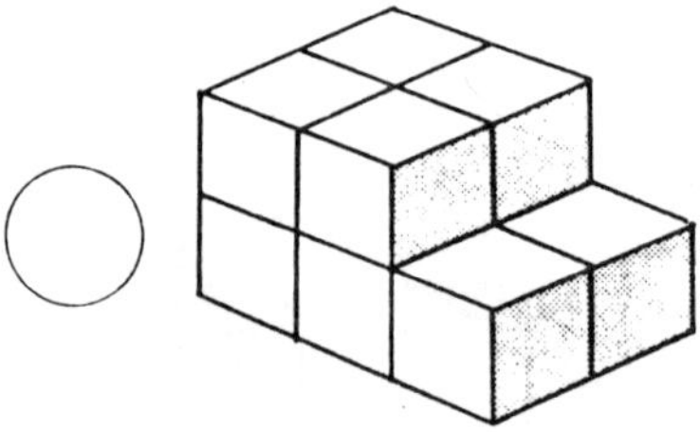

⑪

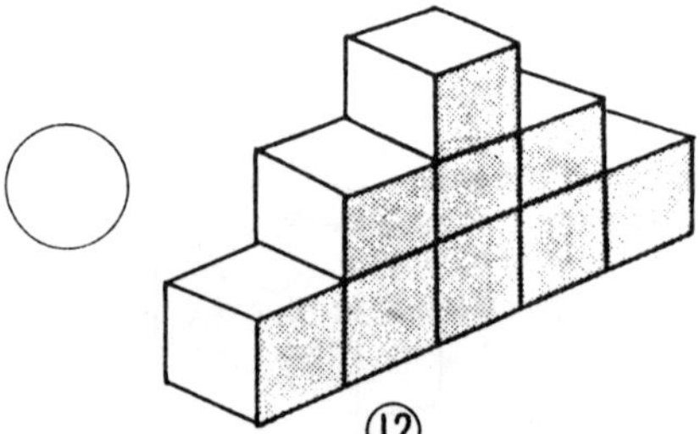

⑫

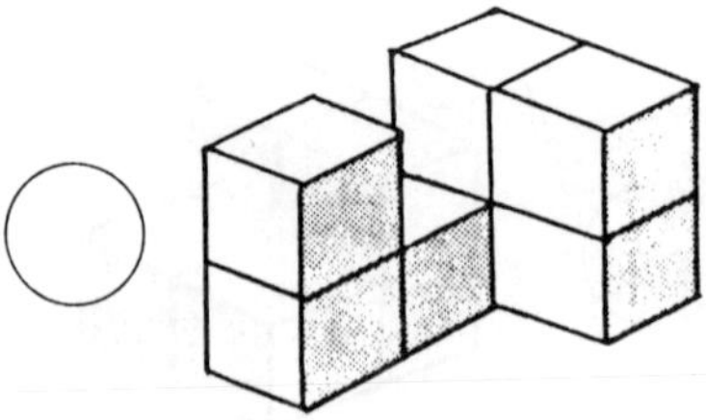

⑬

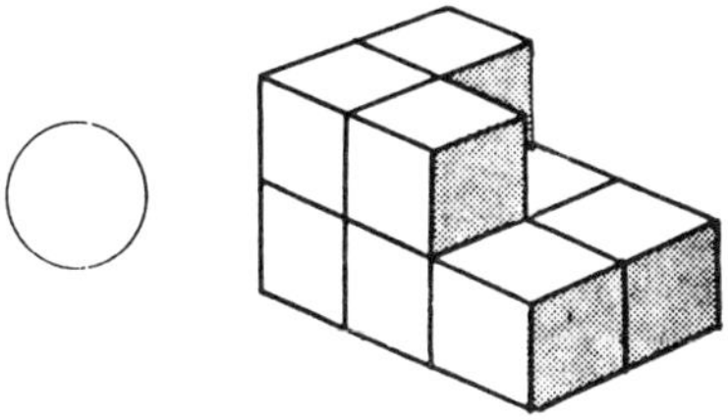

⑭

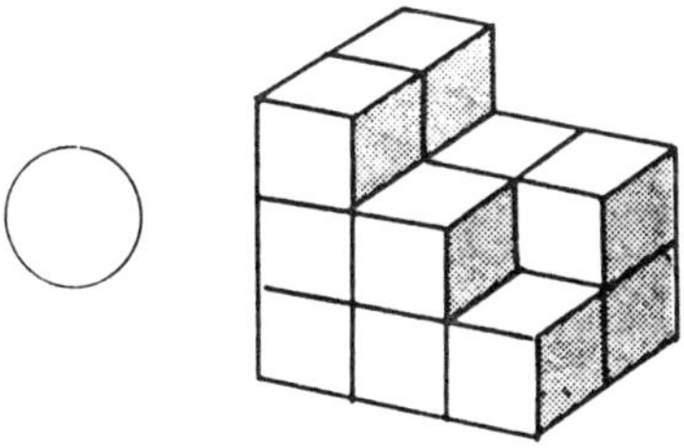

⑮

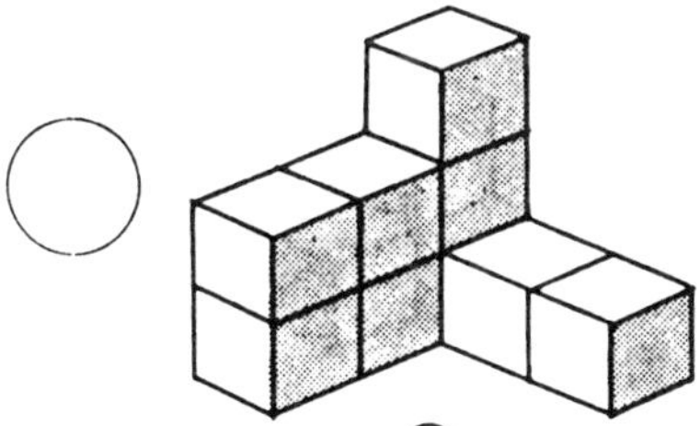

⑯

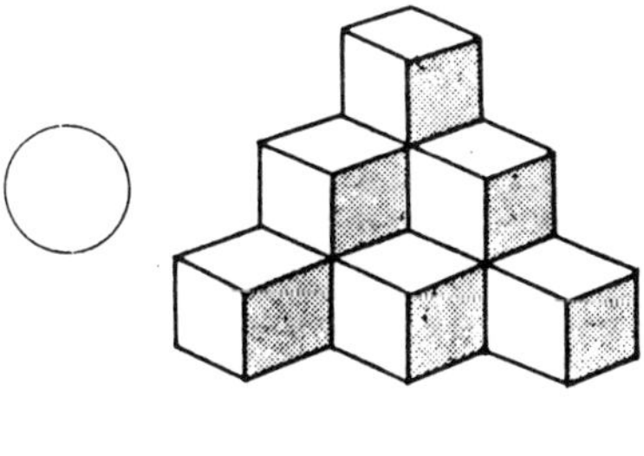

⑰

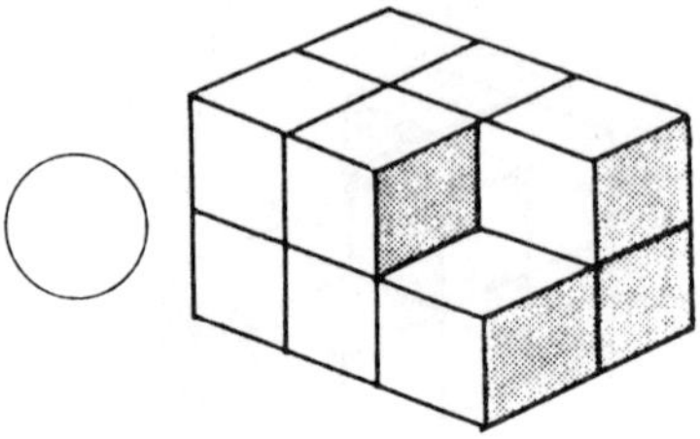

⑱

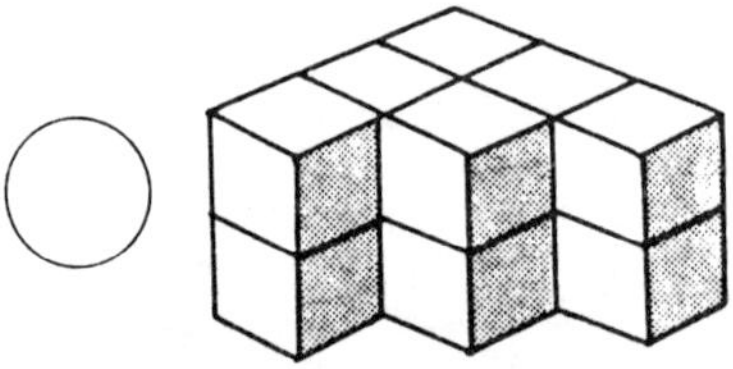

⑲

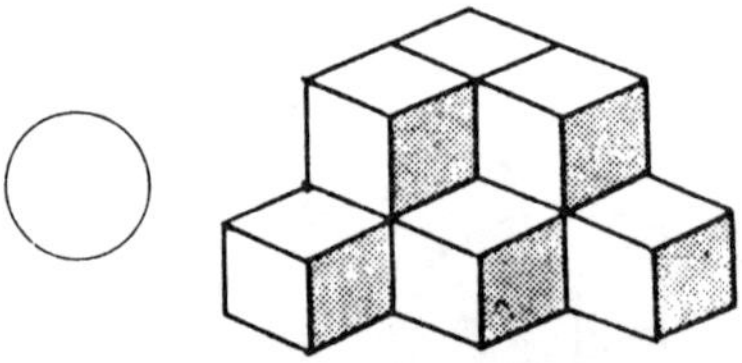

⑳

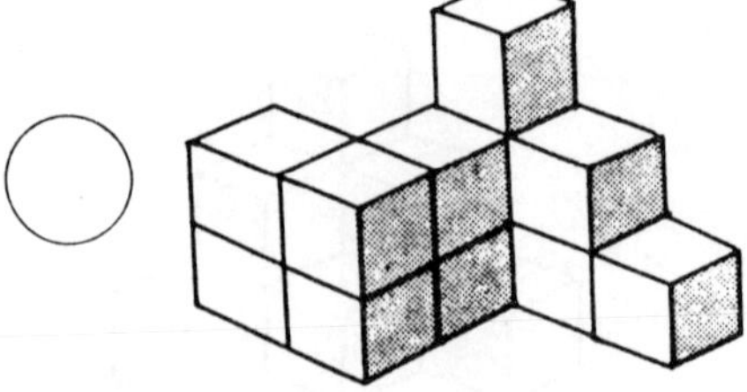

測驗2 〔限制時間2分〕

這裏有幾個字詞，如果把它們重組、連接起來卽成一完整的句子，但是有一個是用不到的字請你找出來，把它的號碼填在底下的○中。

【練習】

(A)早晨 (B)升起 (C)風小 (D)太陽	(A)花 (B)開得 (C)很漂亮 (D)小孩

答案 Ⓒ Ⓓ

4	3	2	1
(A)跑得	(A)雞	(A)很冷	(A)飯
(B)快	(B)帽子	(B)雨	(B)吃
(C)狗	(C)很高	(C)很硬	(C)大家
(D)冷	(D)跳得	(D)下	(D)書包

8	7	6	5
(A)要去 (B)鉛筆 (C)明天 (D)遠足	(A)今天 (B)不好 (C)強 (D)天氣	(A)電視 (B)看 (C)大家 (D)唱歌	(A)貓 (B)很牢 (C)捉 (D)老鼠

9	10	11	12
(A)游泳	(A)了	(A)小鳥	(A)冬天
(B)開	(B)天空	(B)鋼琴	(B)夏天
(C)美麗的	(C)睡覺	(C)叫	(C)來到
(D)花	(D)我	(D)在山上	(D)很冷

16	15	14	13
(A)可愛 (B)快 (C)無尾熊 (D)非常	(A)樹 (B)又高 (C)又壯 (D)雒	(A)晚上 (B)起牀 (C)早晨 (D)很早	(A)唱 (B)我們 (C)欣賞 (D)歌

17	18	19	20
(A)好像要	(A)跑	(A)比	(A)得到
(B)明天	(B)我	(B)深	(B)球棒
(C)陰天	(C)今天	(C)烏龜	(C)我
(D)下	(D)忘了	(D)跑得快	(D)給我
(E)雨	(E)戴帽子	(E)兎子	(E)曾經

測驗3

［限制時間2分］

請你依序由上往下看，第四個應該是什麼？請在下面的圖形中找找看，找到了請把號碼寫在○內。

【練習】

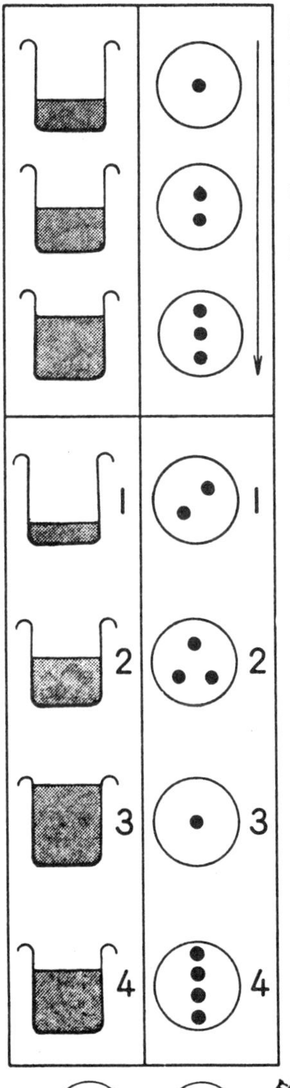

答案 ③ ④

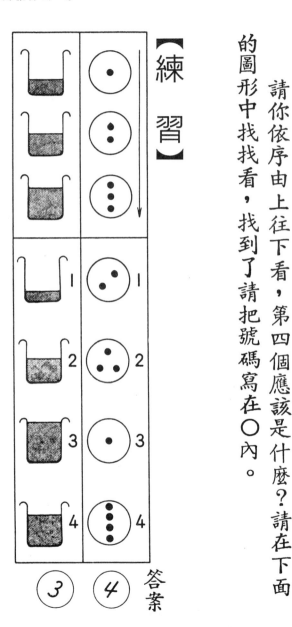

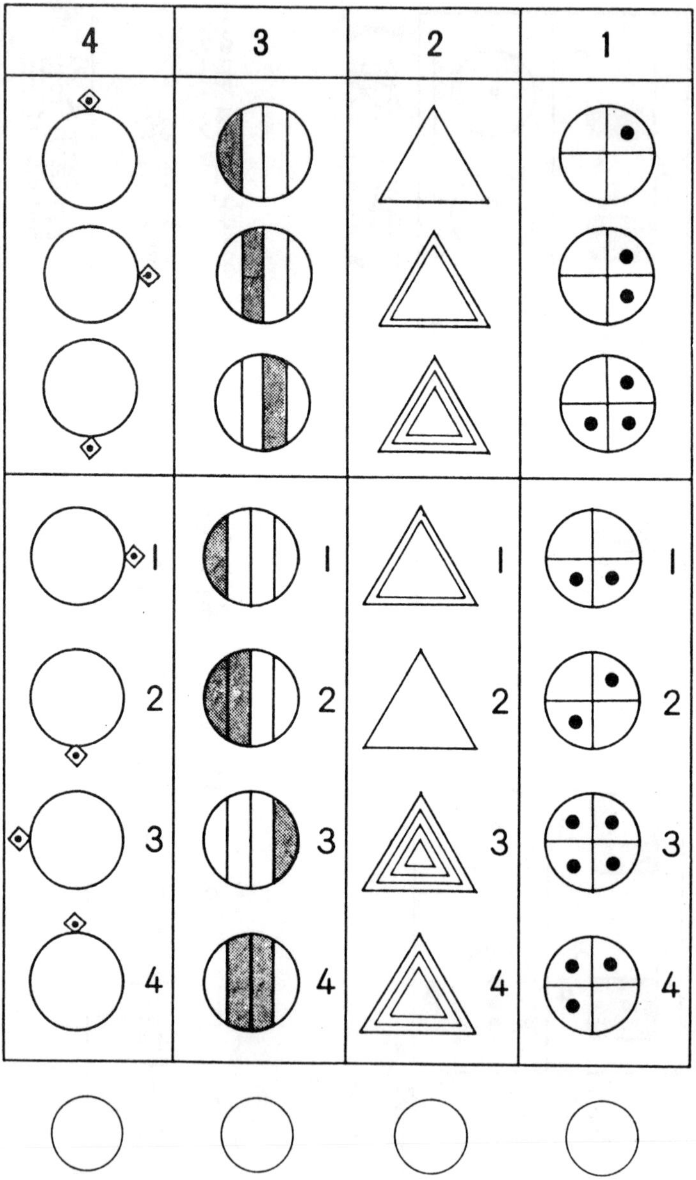
4
3
2
1
1
2
3
4

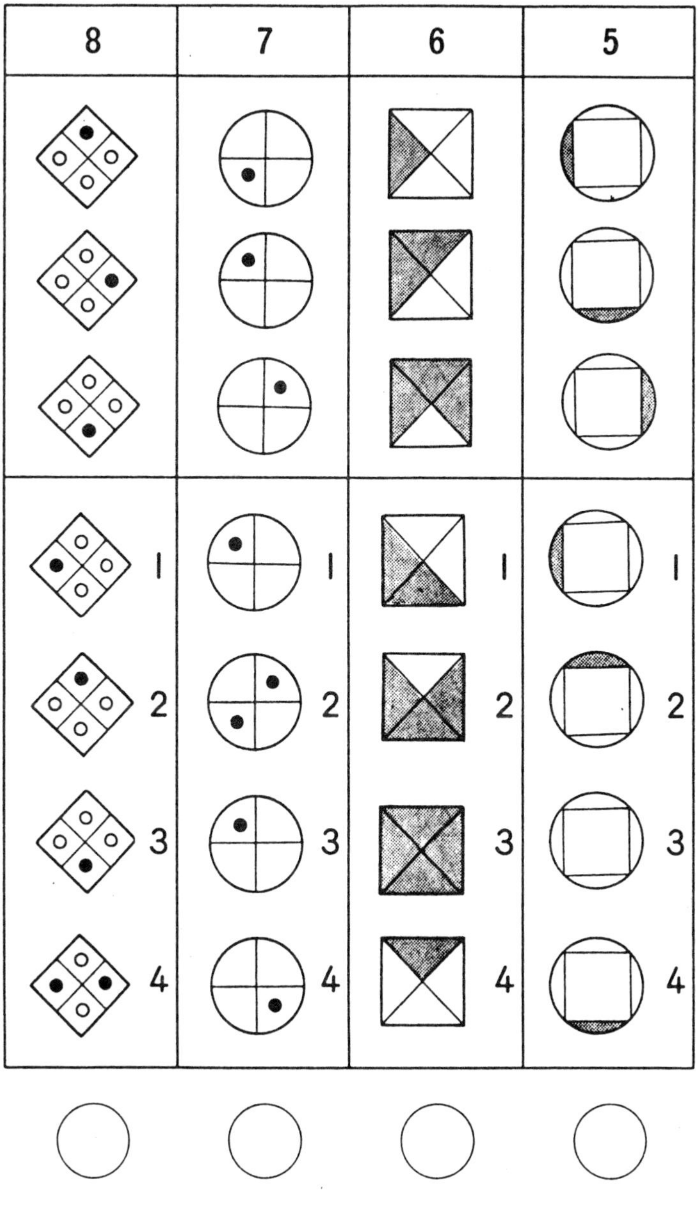
8
7
6
5
1
2
3
4

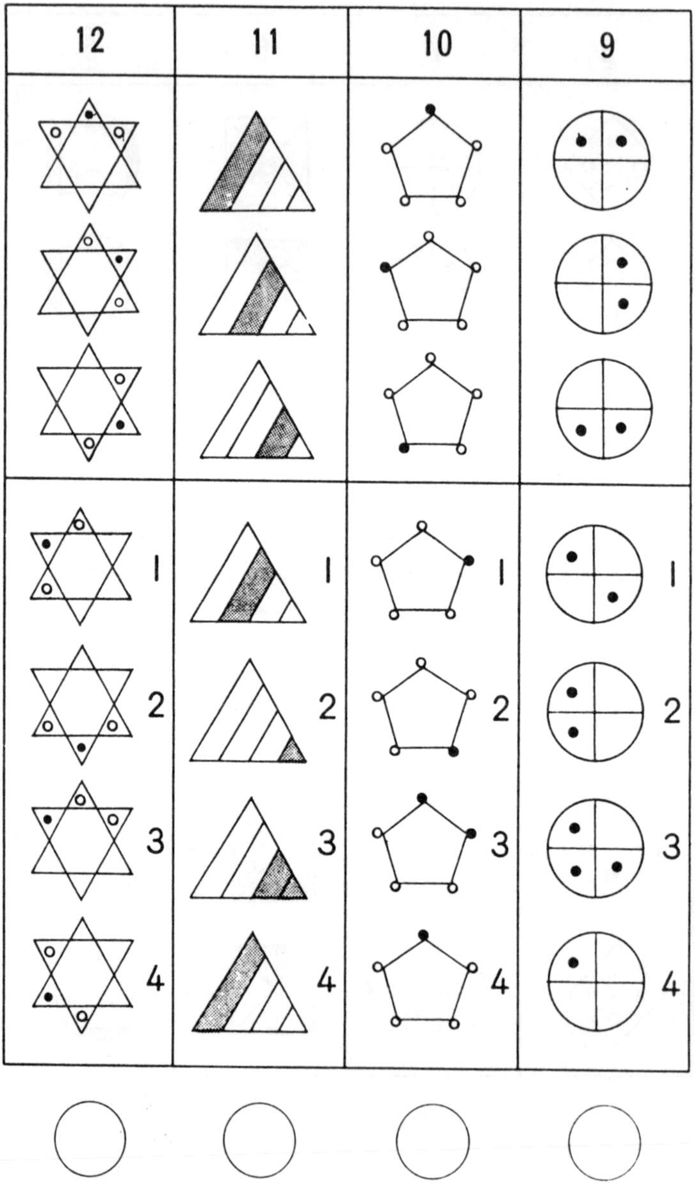
12
11
10
9
1
2
3
4

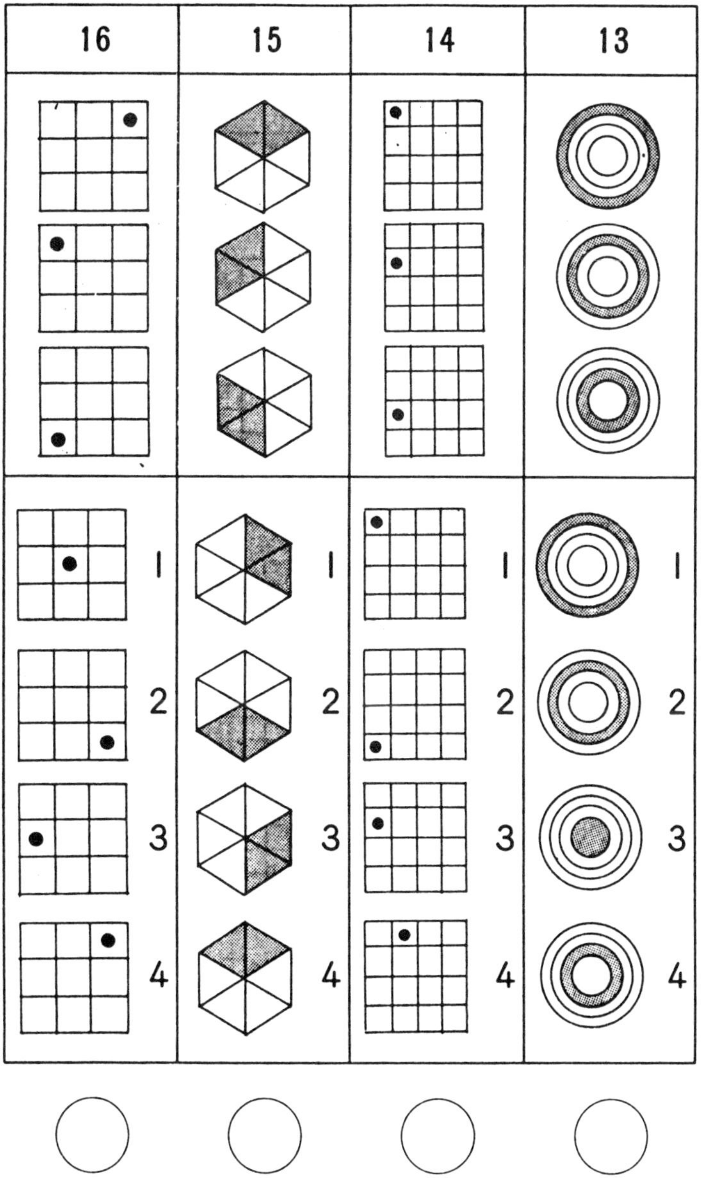
16
15
14
13
1
2
3
4

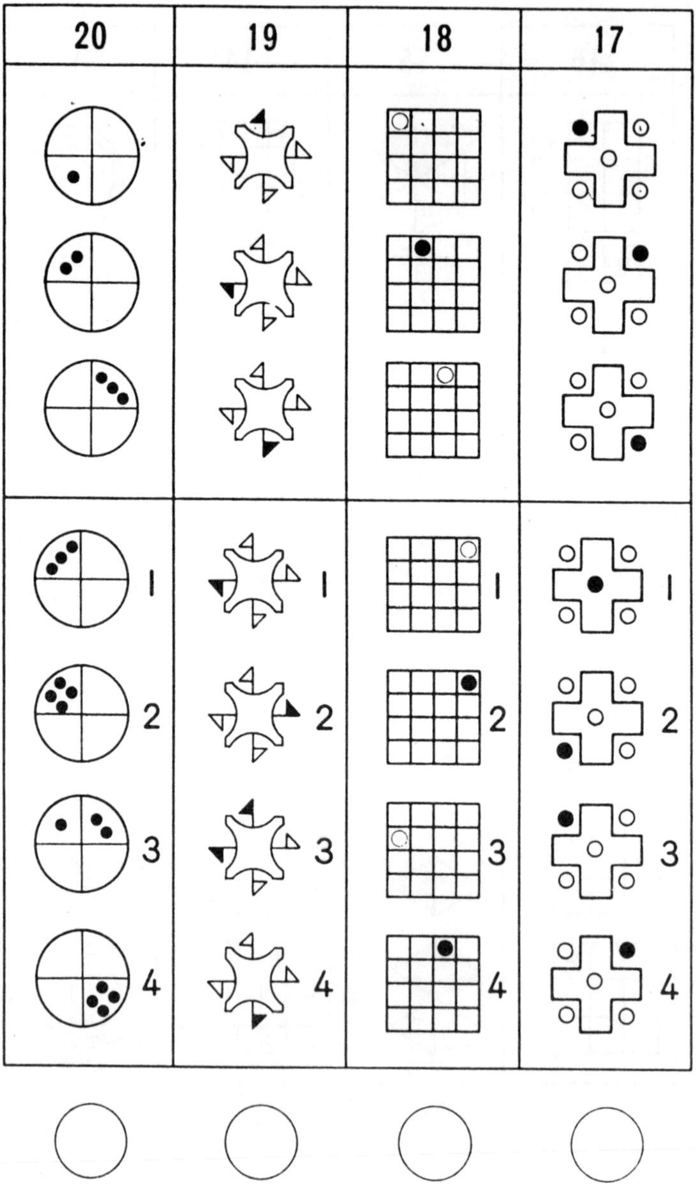
20
19
18
17
1
2
3
4

測驗4

〔限制時間2分〕

找出與上面的詞句相反的詞句，然後將答案填入下面的○中。

【練　習】

小孩	①低　②小　③大人　④弟弟
高	①山　②低　③寬　④快

答案　③　②

4	3	2	1
長	深	熱	大
①窄	①低	①水	①寬
②高	②小	②遠	②高
③短	③暗	③冷	③小
④快	④淺	④長	④近

8	7	6	5
容易	快樂	多	前
①暖 ②討厭 ③難 ④美麗	①笑 ②冷 ③哭 ④悲傷	①薄 ②小 ③少 ④低	①旁 ②右 ③上 ④後

12	11	10	9
明亮	稱讚	南	胖
①熱鬧 ②冷靜 ③黑暗 ④寒冷	①拿到 ②哭 ③阻止 ④責罵	①西 ②右 ③東 ④北	①長 ②寬 ③瘦 ④高

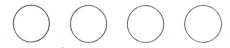

16	15	14	13
乾	下去	拉長	慢
①彎曲	①跌落	①搓圓	①糊塗
②升高	②上來	②快	②好不容易
③陰乾	③登高	③縮短	③跑
④溼	④通過	④切	④快

17	弱	①輸	②快	③贏	④強
18	乾淨	①弄髒	②黑暗	③骯髒	④罵人
19	逼迫	①輸	②保護	③打仗	④借
20	製作	①豎立	②郵寄	③毀壞	④防止

測驗5

〔限制時間2分〕

將折紙依虛線對折，依左圖用剪刀剪開成各種圖形，打開後會變成什麼？請找出正確的圖形來，將答案寫在○內。

【練習】

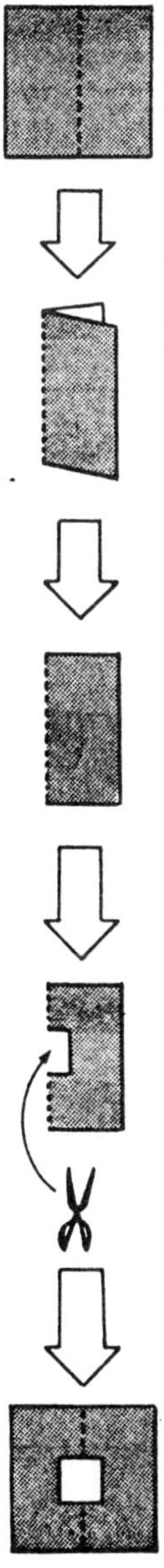

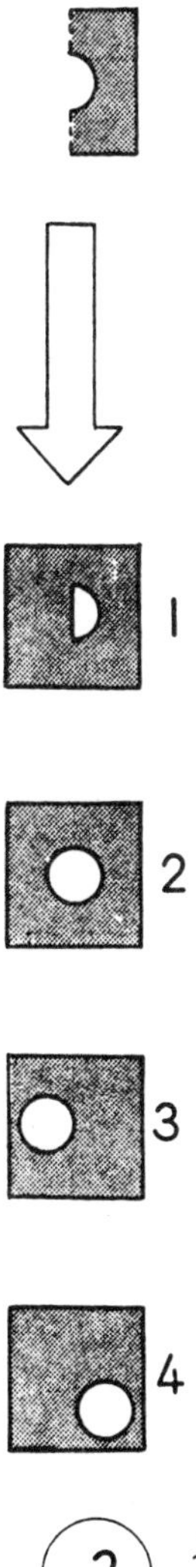

答案 ②

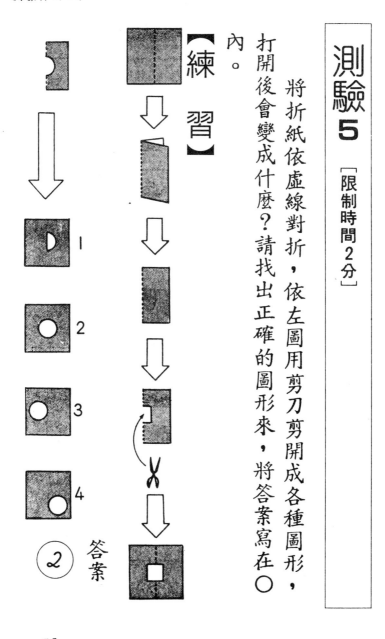

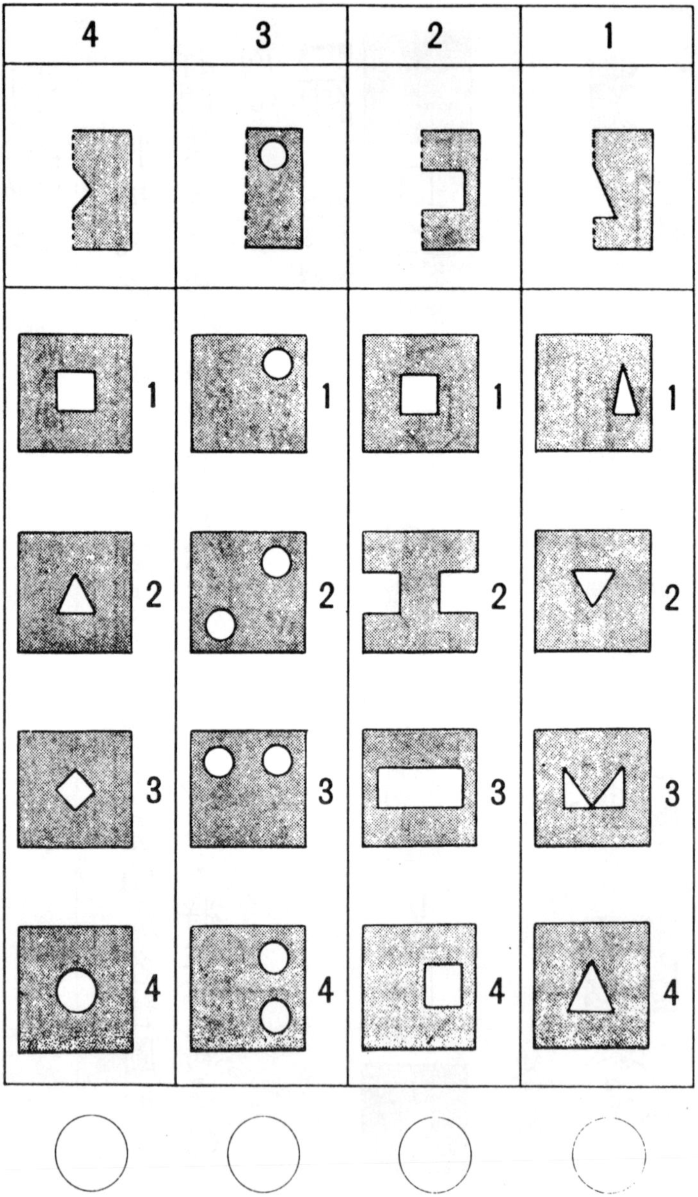

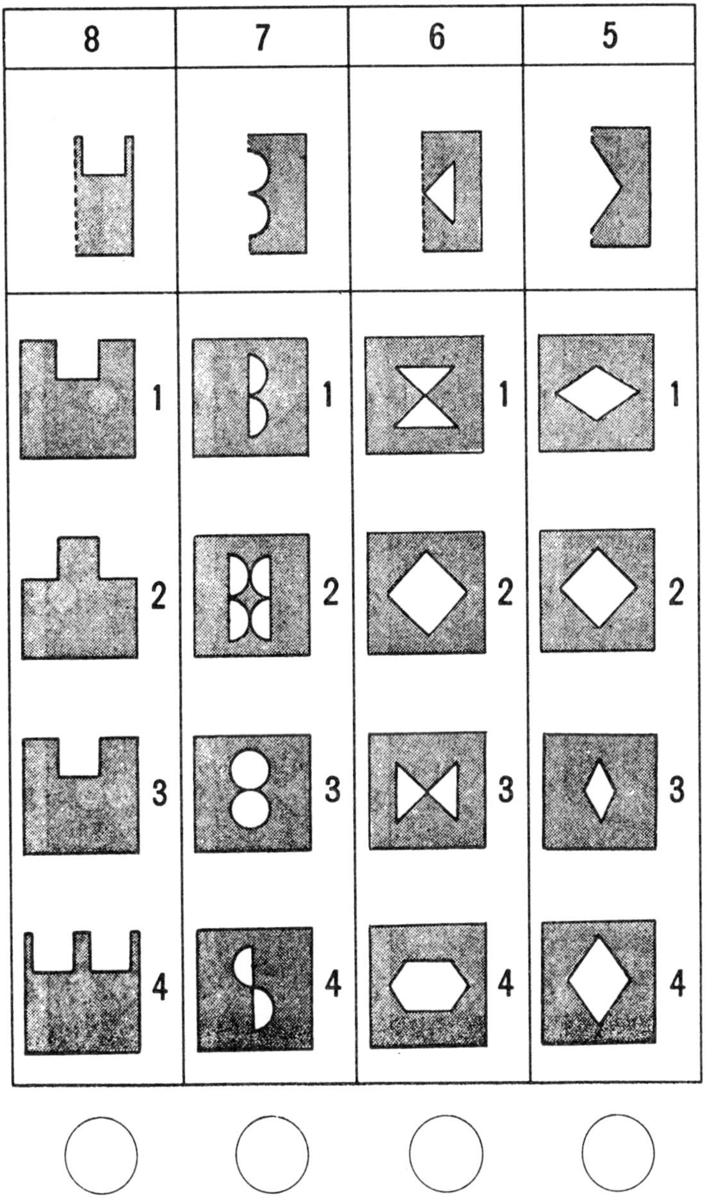
8
7
6
5
1
2
3
4

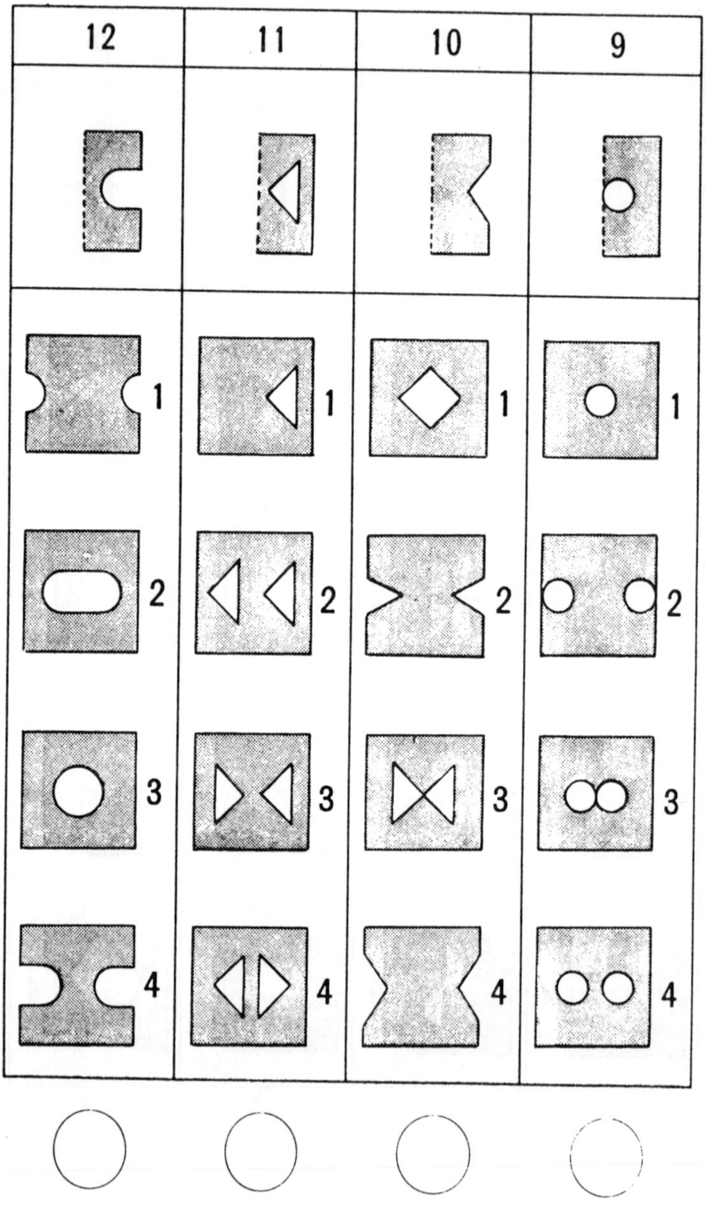
12
11
10
9
1
2
3
4

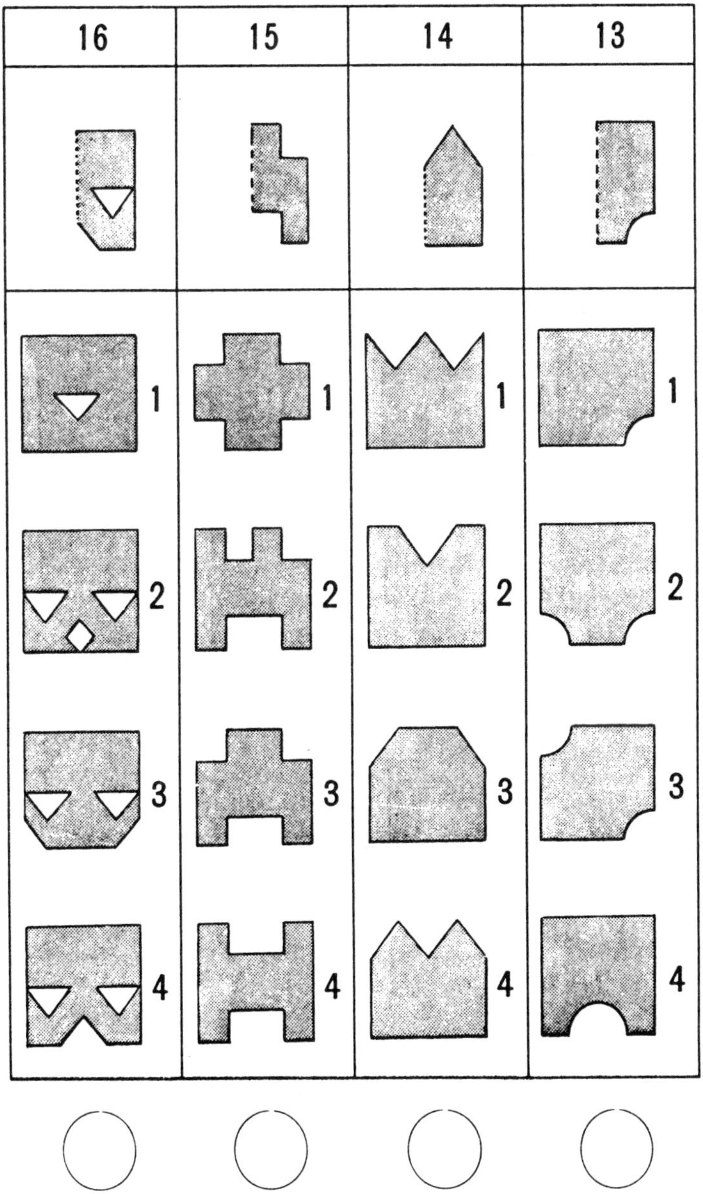
16
15
14
13
1
2
3
4

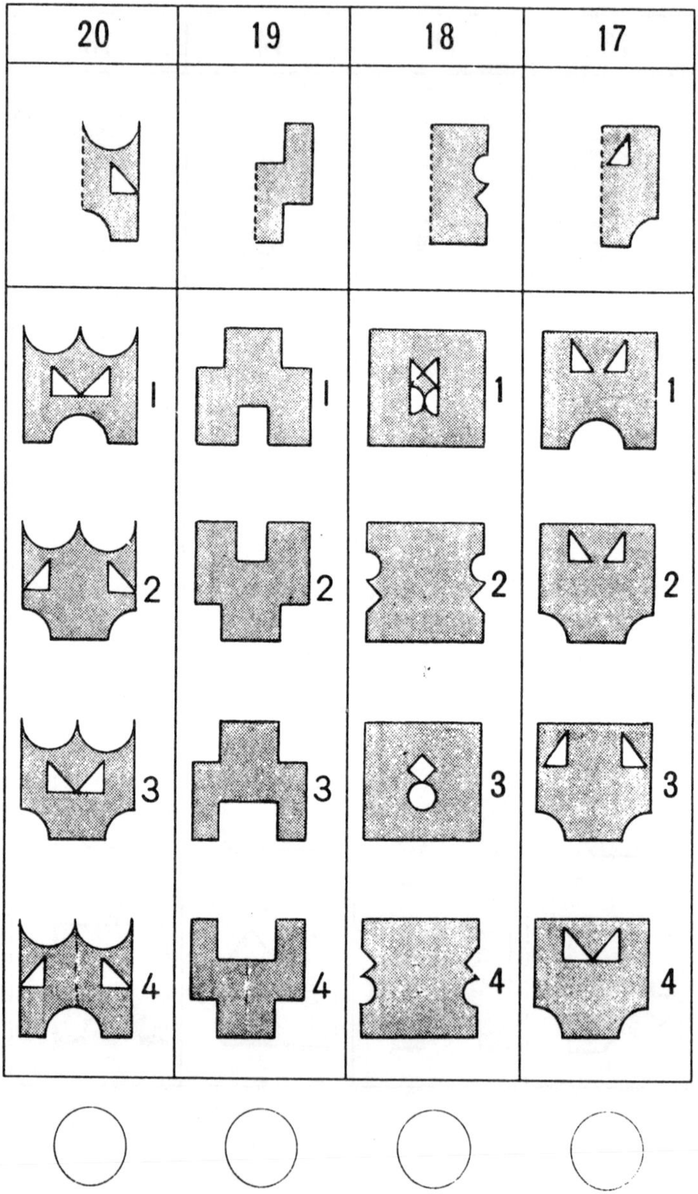
20
19
18
17
1
2
3
4

測驗6

［限制時間3分］

如上圖之棒球和球棒，請替下圖之網球拍找出其相對的物品來，找到後將答案寫在○內。

【練習】

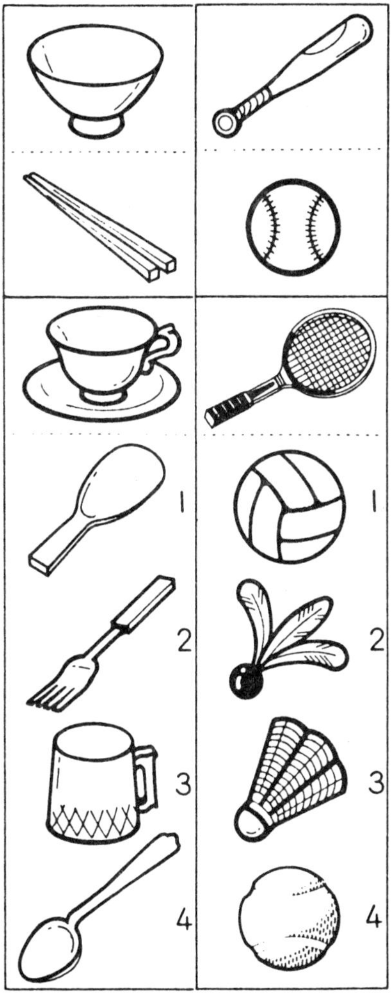

答案

④　④

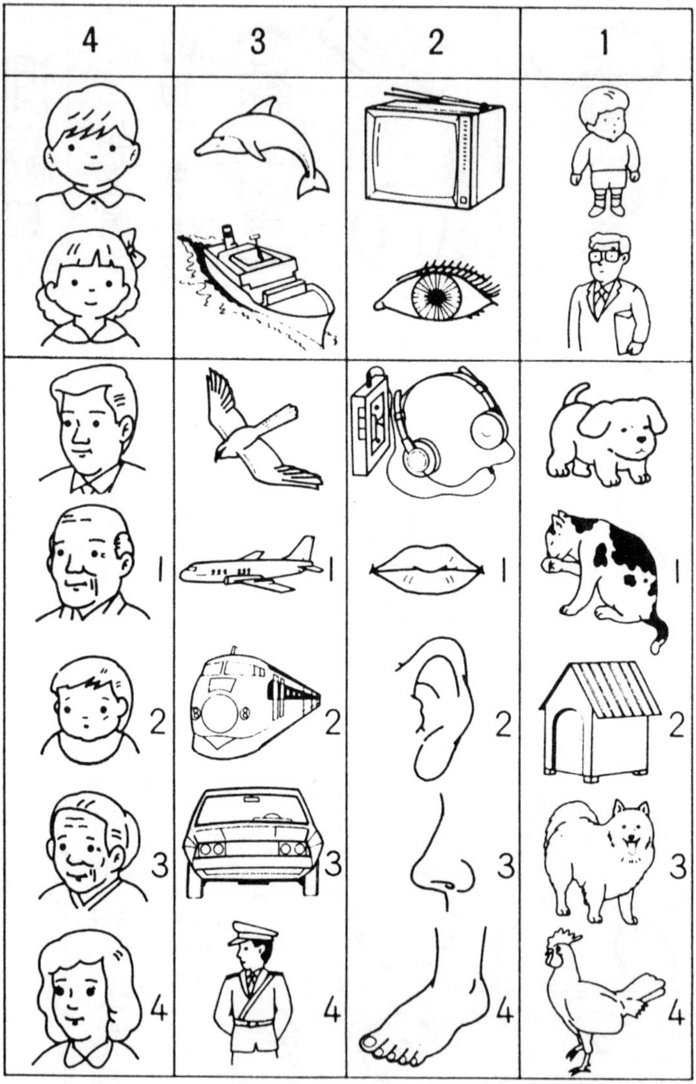
4
3
2
1
1
1
1
1
2
2
2
2
3
3
3
3
4
4
4
4

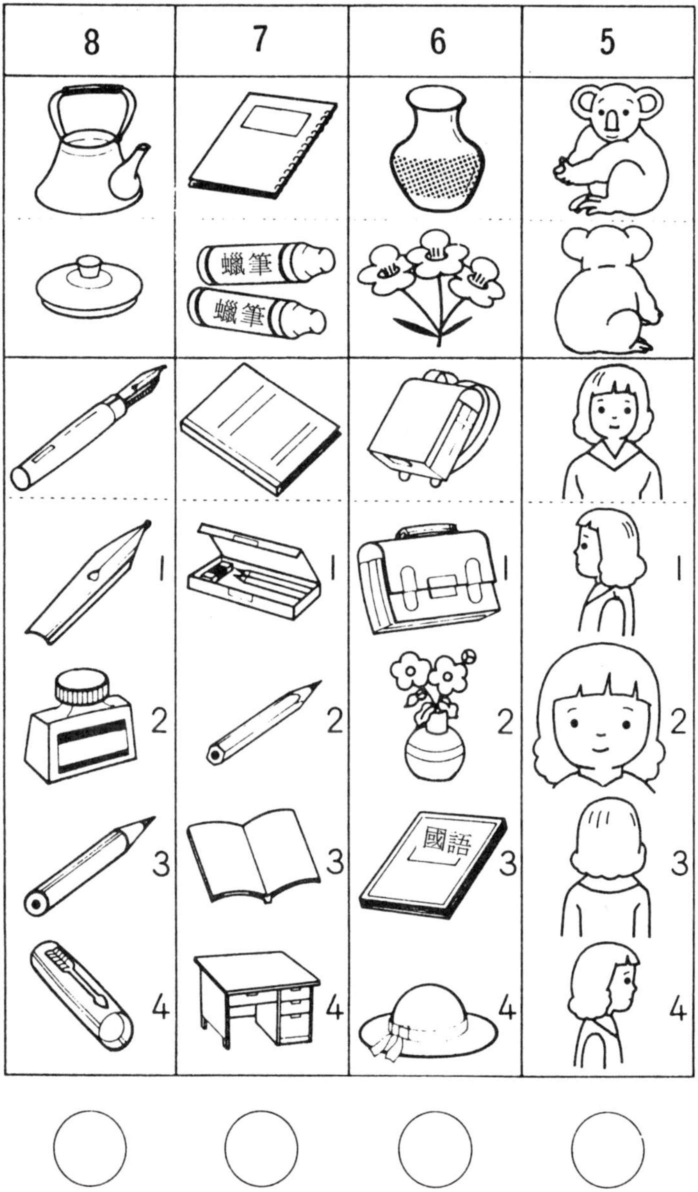
8
7
6
5
蠟筆
蠟筆
國語
1
2
3
4

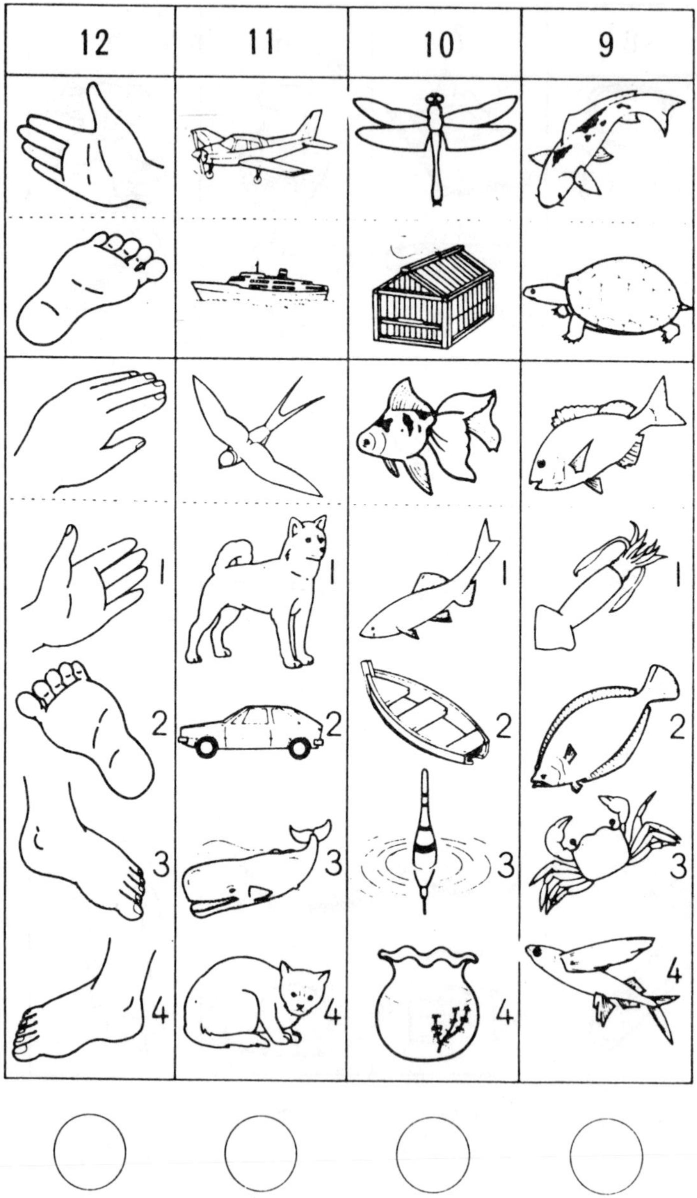
12
11
10
9
1
2
3
4
1
2
3
4
1
2
3
4
1
2
3
4

16	15	14	13
海	小刀	火	大
游泳	切	熱	小
山	鋼筆	冰	高
青 1 高 2 跑 3 登山 4	豎起 1 折斷 2 寫 3 彎曲 4	溫 1 痛 2 冷 3 硬 4	近 1 深 2 遠 3 低 4

20	19	18	17
笑	朝	水	書
高興	太陽	喝	讀
哭	夜	麵包	鋼琴
看 1 疲倦 2 悲傷 3 喊叫 4	黑暗 1 想睡 2 月亮 3 害怕 4	切 1 烤 2 喝 3 吃 4	敲 1 看 2 聽 3 彈 4

小學(4～6年級)
智力測驗

【考前注意事項】

①題目要看清楚，應對練習的作法充分了解後再開始。

②限制時間可延長至13分鐘，但練習的時間不在此限。

③各測驗的限制時間應嚴格控制。

測驗1

〔限制時間2分〕

每題由上往下的圖形都是呈規則變化，請在下列各圖中找出第四圖的正確形狀，將答案號碼寫在○內。

【練習】

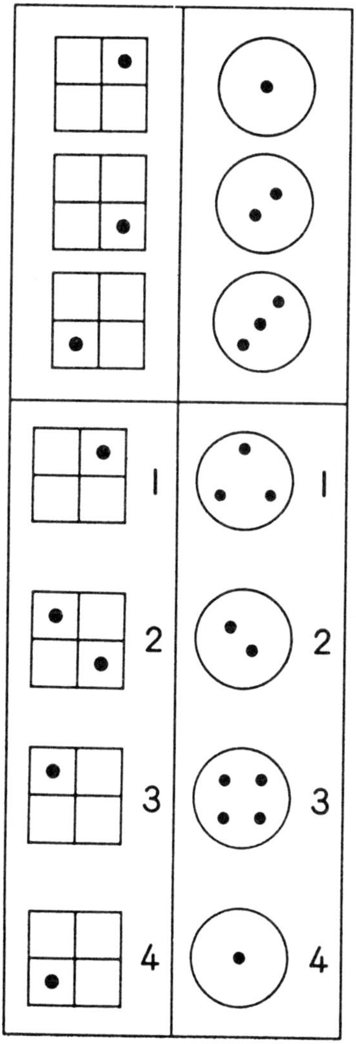

答案　③　③

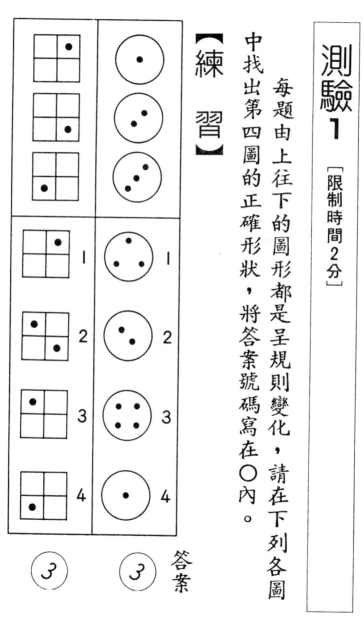

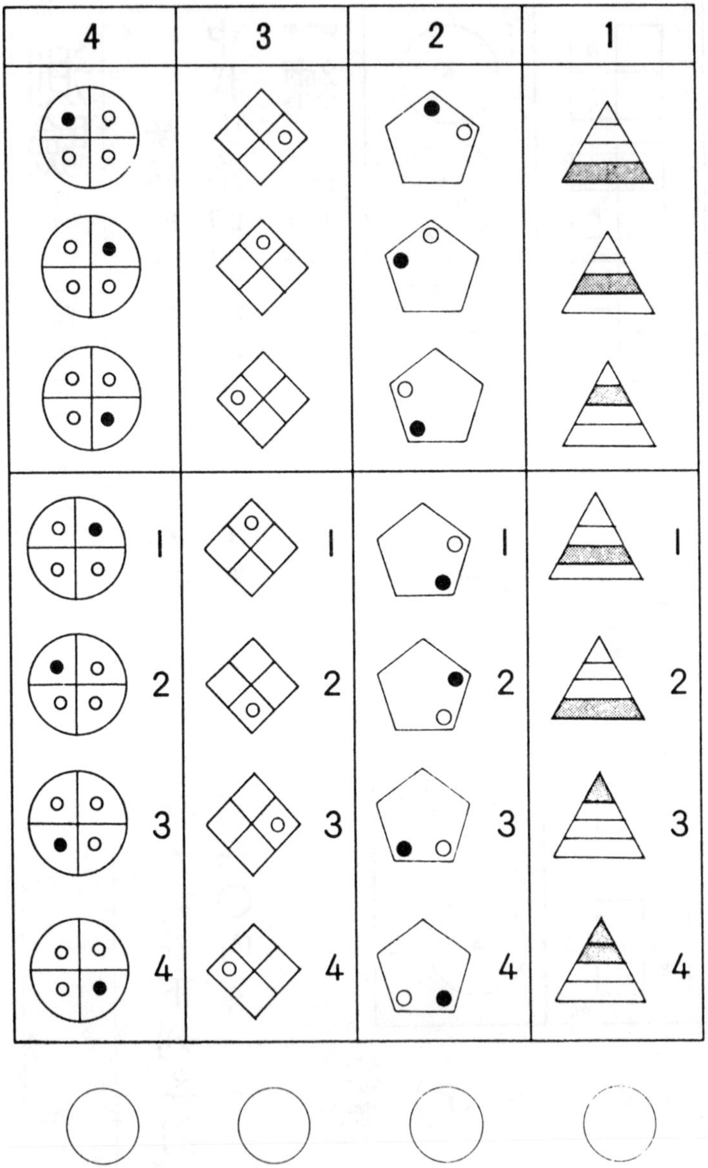
4
3
2
1
1
1
1
1
2
2
2
2
3
3
3
3
4
4
4
4

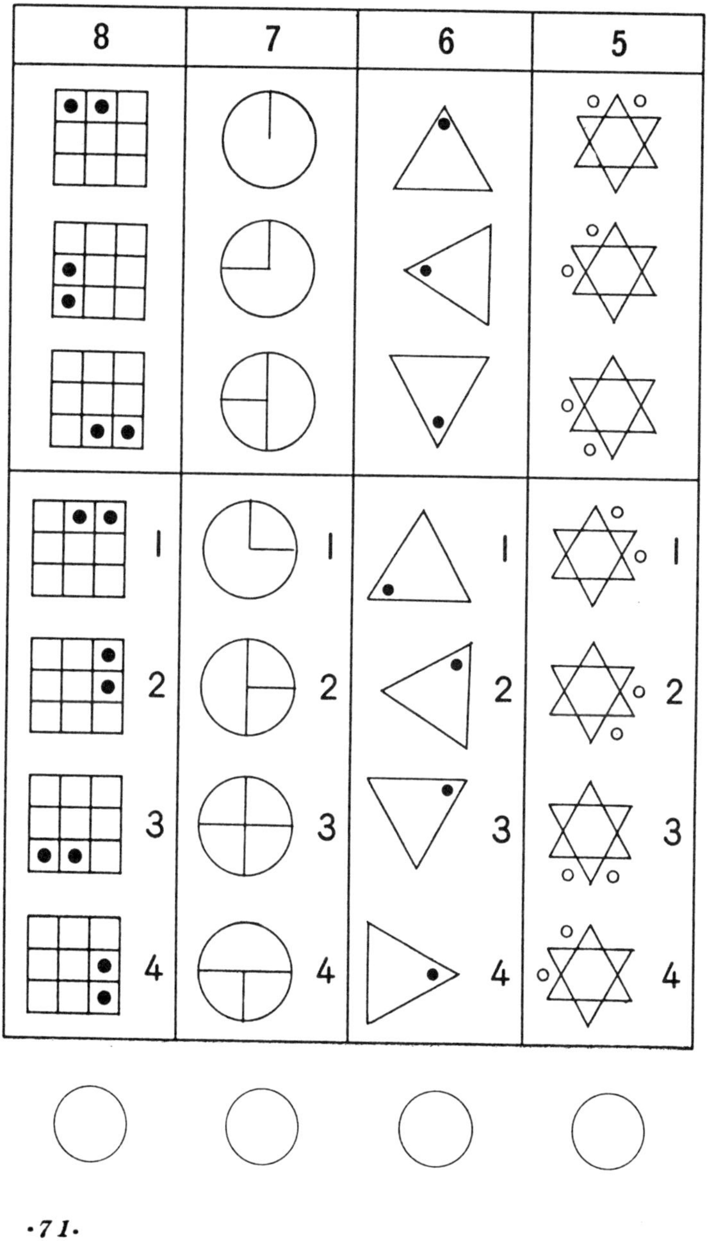
8
7
6
5
1
1
1
1
2
2
2
2
3
3
3
3
4
4
4
4

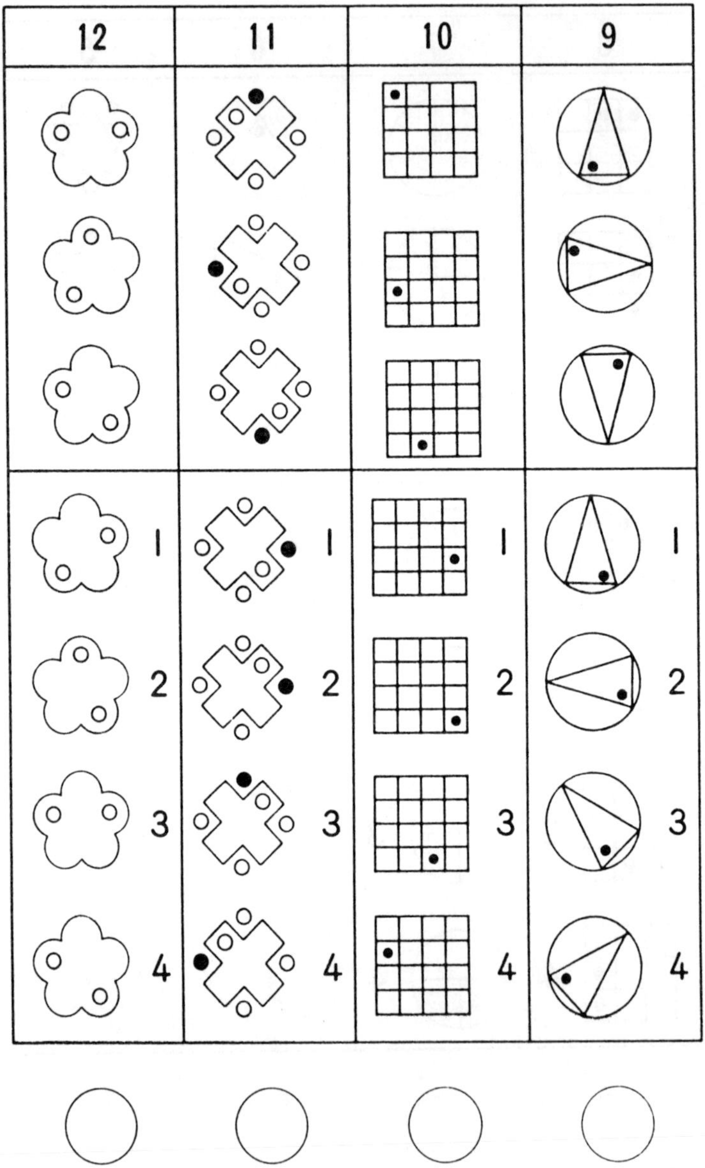
12
11
10
9
1
2
3
4

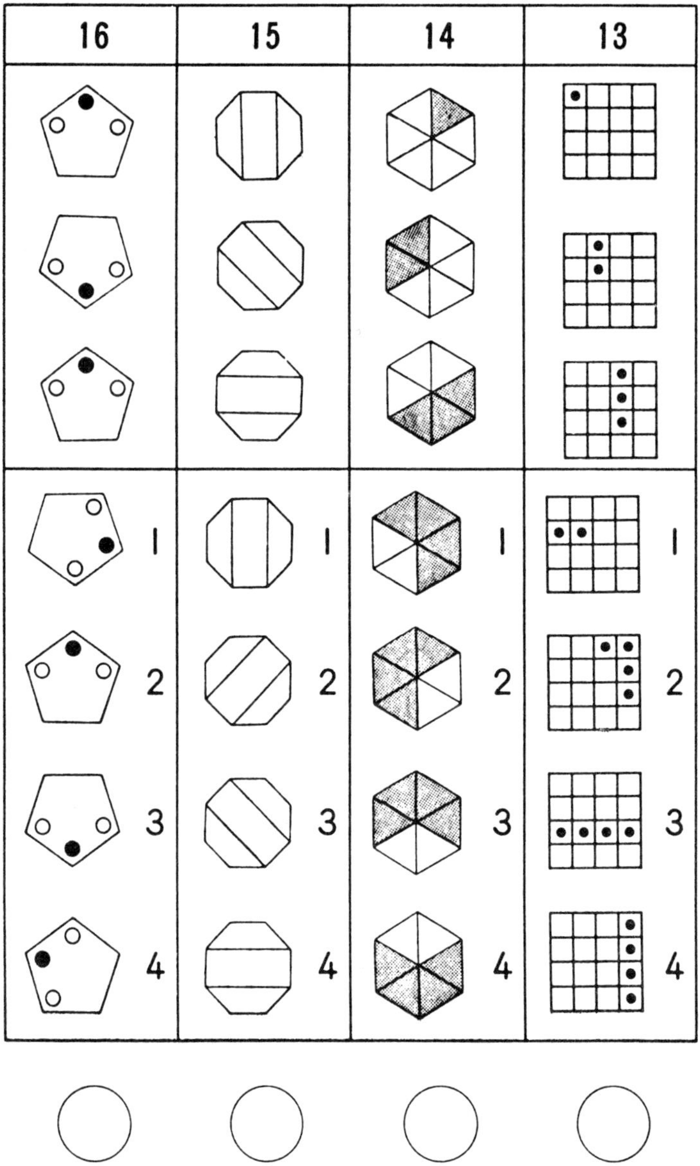
16
15
14
13
1
2
3
4

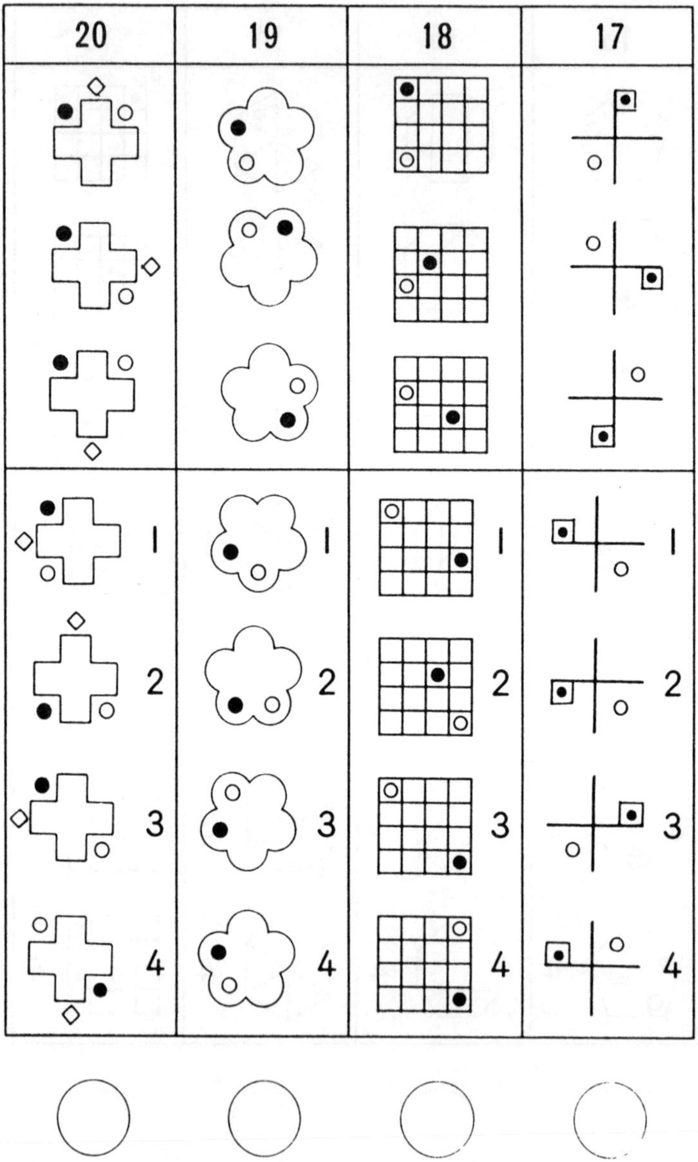
20
19
18
17
1
2
3
4

測驗2

〔限制時間2分〕

請找出與題目相反的詞句來，再把答案號碼填入○內。

【練習】

熱	(A)涼 (B)冷 (C)冬 (D)溫
幸福	(A)貧窮 (B)好運 (C)不幸 (D)合格

答案 Ⓑ Ⓒ

4	3	2	1
保護	明亮	好	延長
(A)打敗 (B)抛棄 (C)逼迫 (D)防禦	(A)寂寞 (B)紅 (C)冷 (D)黑暗	(A)聰明 (B)贏 (C)打破 (D)不好	(A)壓低 (B)弄壞 (C)縮短 (D)彎曲

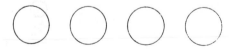

5	6	7	8
落下	全體	健康	當選
(A)舉起 (B)掉下 (C)尋找 (D)放大	(A)分析 (B)分量 (C)部分 (D)少量	(A)活潑 (B)健全 (C)病弱 (D)不幸	(A)開票 (B)編號 (C)投票 (D)落選

9	10	11	12
複雜	膽小	親切	利益
(A)混雜	(A)弱氣	(A)友情	(A)損得
(B)明朗	(B)健康	(B)冷淡	(B)不要
(C)奇怪	(C)簡單	(C)善意	(C)利害
(D)單純	(D)大膽	(D)協力	(D)損害

16	15	14	13
生產	溫暖	理想	建設
(A)建築 (B)消滅 (C)供給 (D)消費	(A)寒暖 (B)冷害 (C)暖房 (D)寒冷	(A)空想 (B)預想 (C)實現 (D)現實	(A)設備 (B)生產 (C)破壞 (D)消失

20	19	18	17
善意	出發	增加	獨立
(A)熱意 (B)誠意 (C)惡意 (D)冷淡	(A)進行 (B)前進 (C)後退 (D)到達	(A)退化 (B)重量 (C)減少 (D)消滅	(A)中立 (B)對立 (C)反對 (D)依存

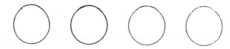

測驗3

〔限制時間2分〕

數數看共有幾塊積木，將正確數目寫在〇內。

【練習】

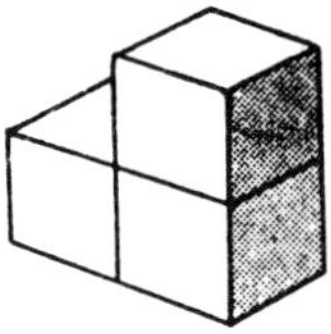

③

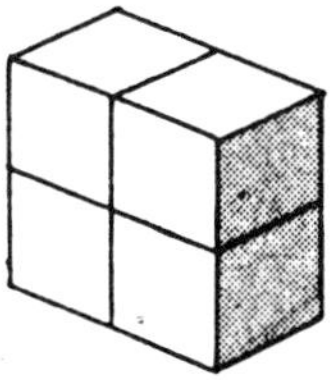

④

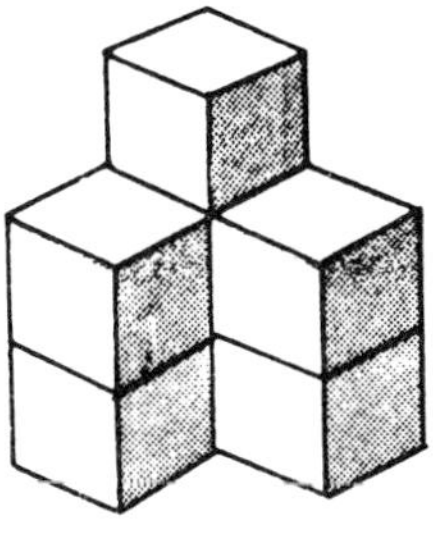

⑦

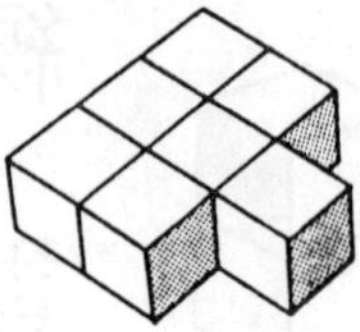

①

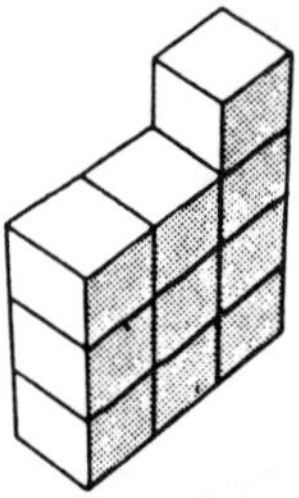

②

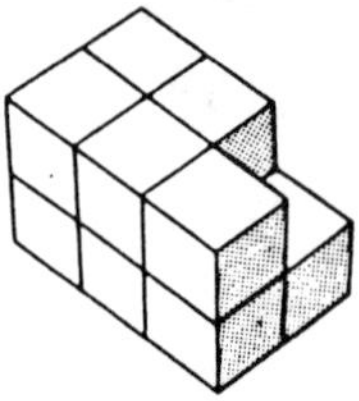

③

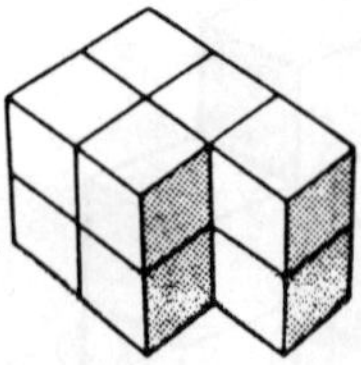

④

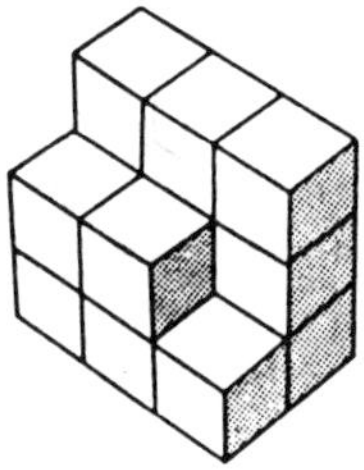
⑤

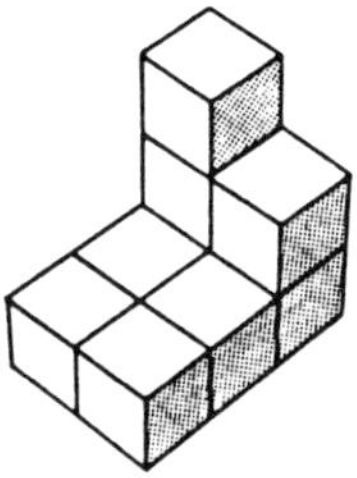
⑥

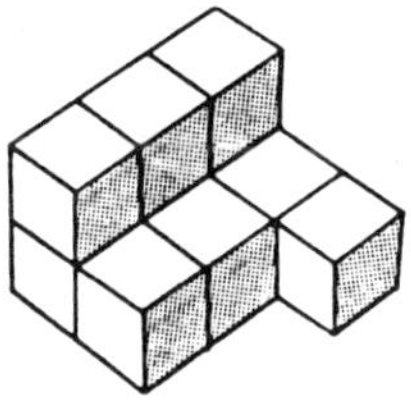
⑦

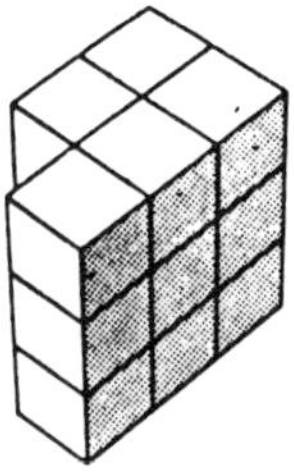
⑧

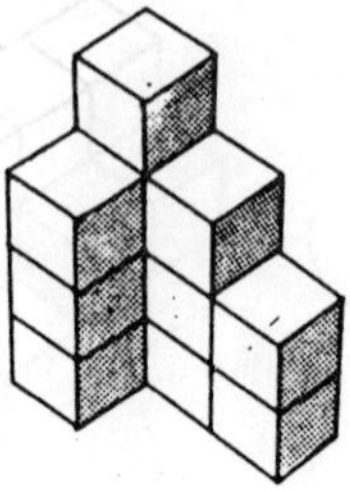

⑨

⑩

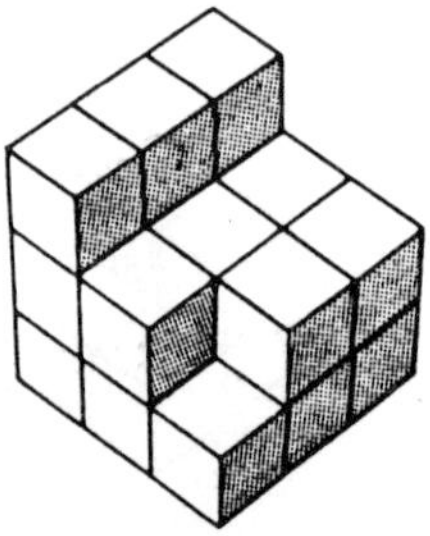

⑪

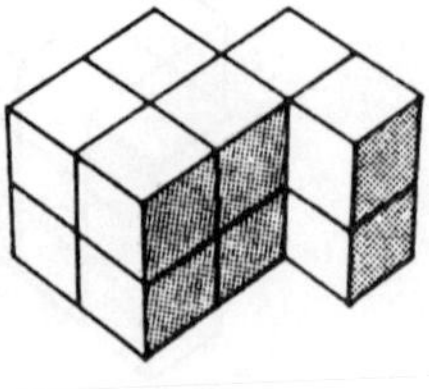

⑫

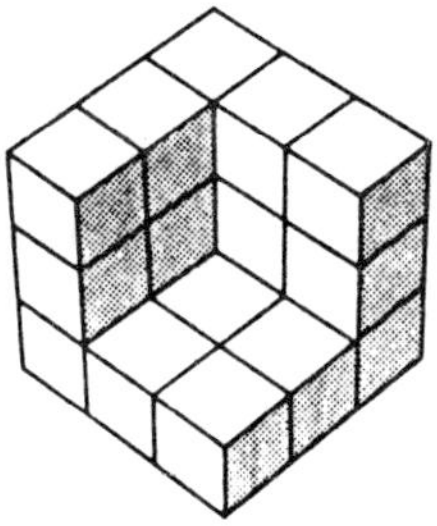

⑬

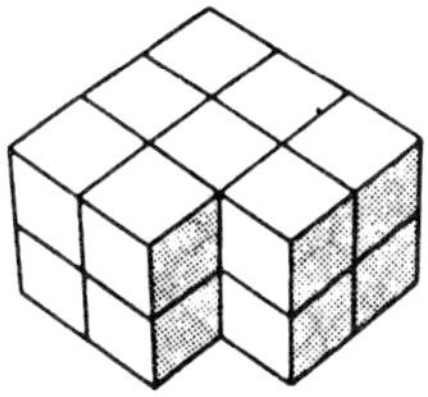

⑭

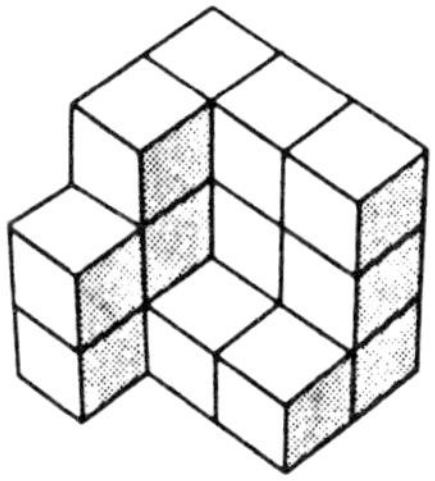

⑮

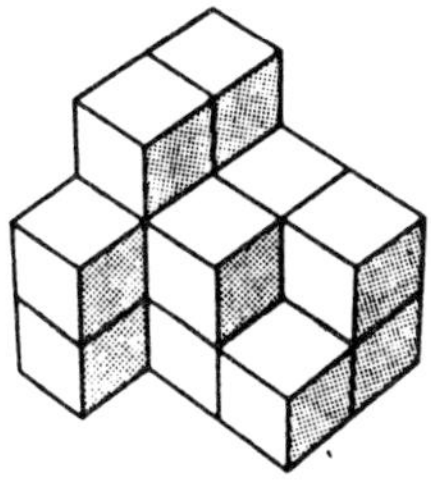

⑯

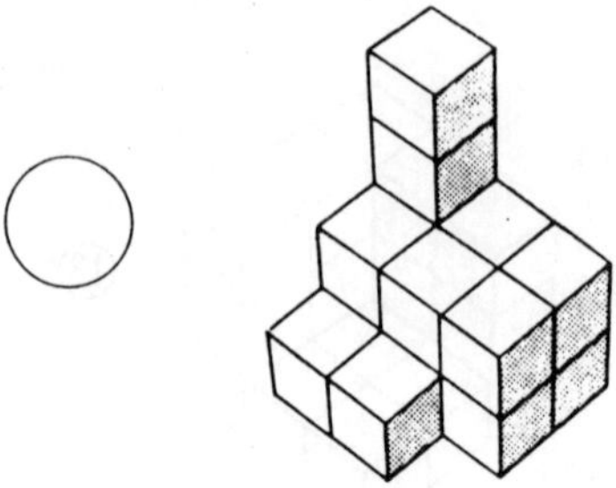
⑰

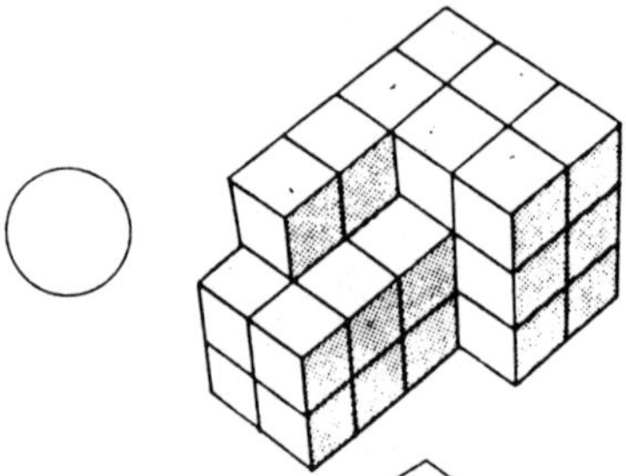
⑱

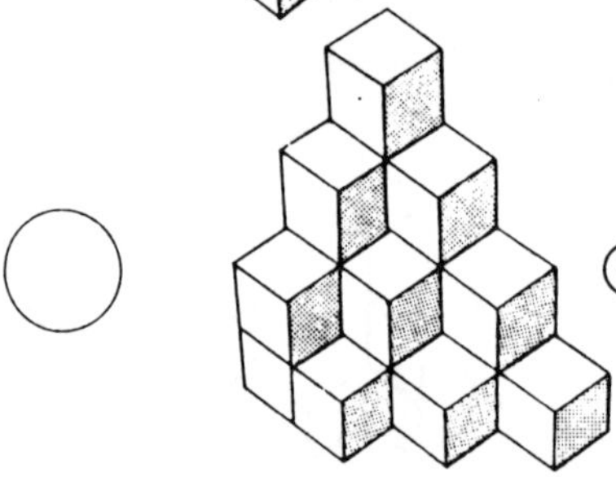
⑲

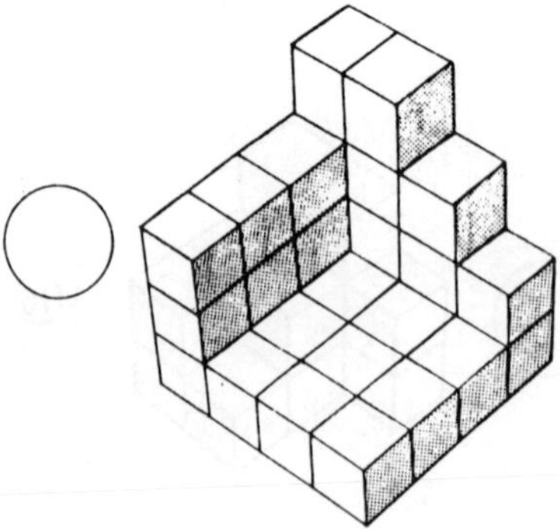
⑳

測驗4

〔限制時間2分〕

請依上面兩個字之間的關係，找出與第三個字句有關的字來，將答案寫在○內。

【練習】

大	小	高	1 淺　2 強　3 低　4 寬	答案 ③
眼	看	耳	1 塞　2 聽　3 睡　4 笑	答案 ②

答案

③　②

4	3	2	1
出	魚	草	深
入	海	綠	淺
去	鳥	天	遠
走 1 過 2 回 3 跑 4	飛 1 天 2 鳴 3 草 4	山 1 雲 2 高 3 青 4	高 1 小 2 近 3 暗 4

8	7	6	5
筷子	記事簿	兄	月
碗	紙	弟	日
叉子	椅子	姊	年
湯匙 1 沙拉 2 盤子 3 杯子 4	書包 1 桌子 2 木頭 3 泥土 4	母 1 兄 2 妹 3 女 4	春 1 分 2 時 3 月 4

12	11	10	9
球棒	冷	脚	長
球	水	鞋子	短
打者	熱	頭	開
打 1 跑 2 投手 3 跳 4	夏 1 海 2 冰 3 火 4	手 1 枕頭 2 耳朵 3 帽子 4	擴大 1 縮短 2 關 3 落下 4

16	15	14	13
音樂	夏	學校	時間
聽	季節	入學	鐘錶
圖書	國語	醫院	長
看 1 手 2 畫 3 鋼筆 4	算數 1 學校 2 學生 3 教科 4	卒業 1 通院 2 入院 3 出院 4	高 1 公尺 2 寬 3 量尺 4

20	19	18	17
動物	長處	贊成	原因
犬	短處	反對	結果
汽車	前進	許可	開始
1 交通 2 信號 3 脚踏車 4 巴士	1 失望 2 逃走 3 後退 4 缺點	1 注意 2 禁止 3 制裁 4 反對	1 最後 2 先頭 3 終了 4 時間

測驗5

〔限制時間2分〕

将紙依虛線對折後，再以剪刀剪成各種圖形，攤開後會變成什麼形狀呢？請将正確的答案寫在○內。

【練習】

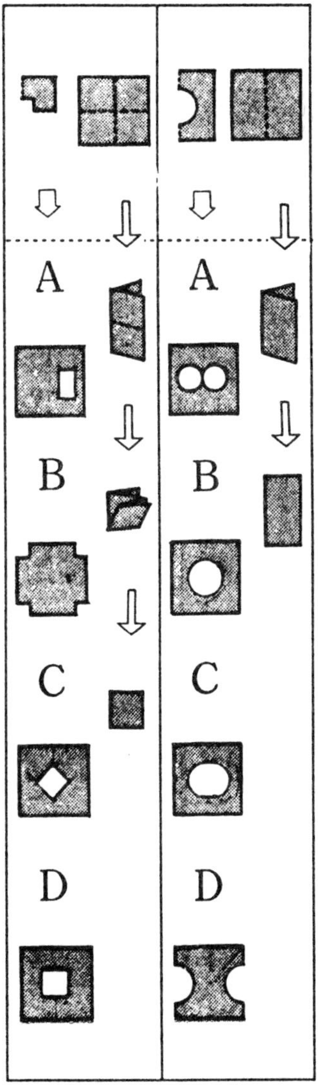

答案 (B) (D)

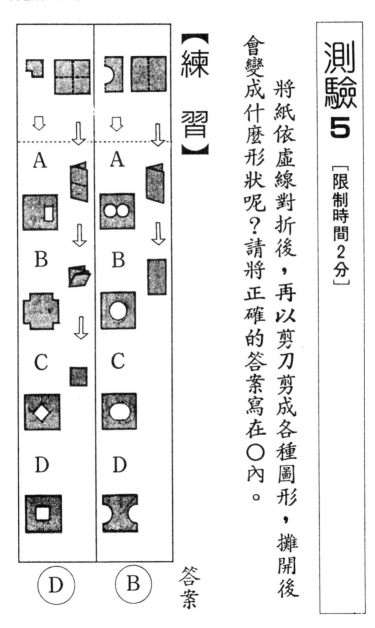

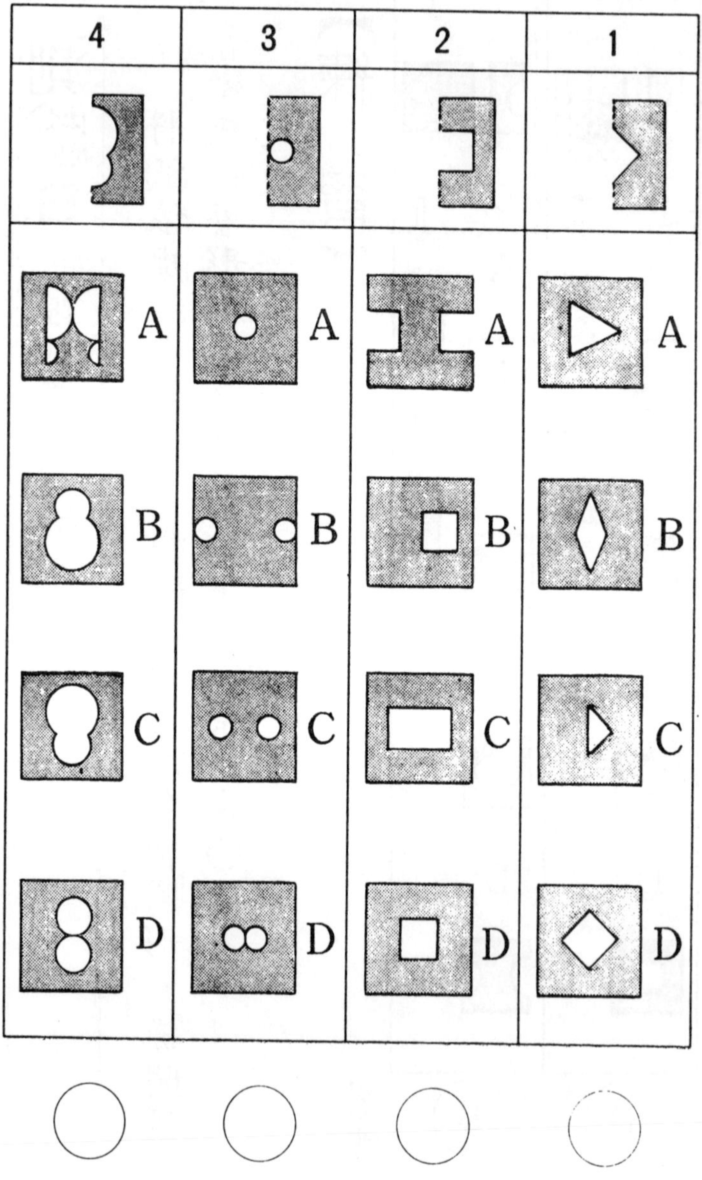
4
3
2
1
A
B
C
D

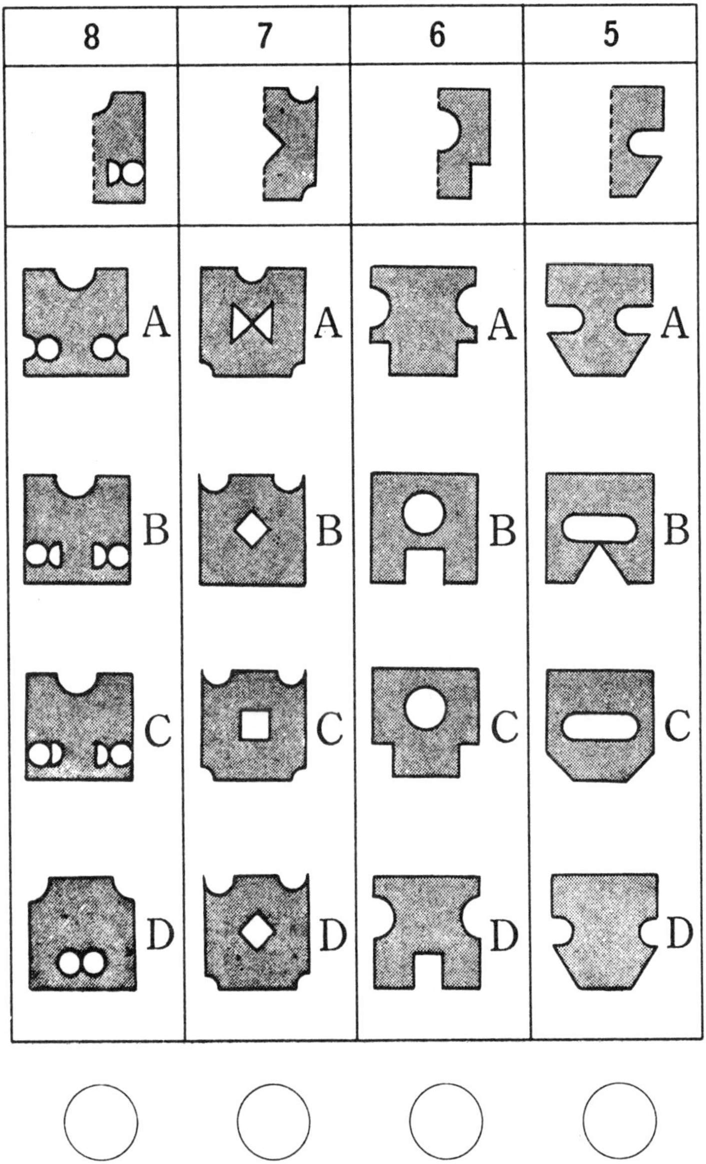
8
7
6
5
A
A
A
A
B
B
B
B
C
C
C
C
D
D
D
D

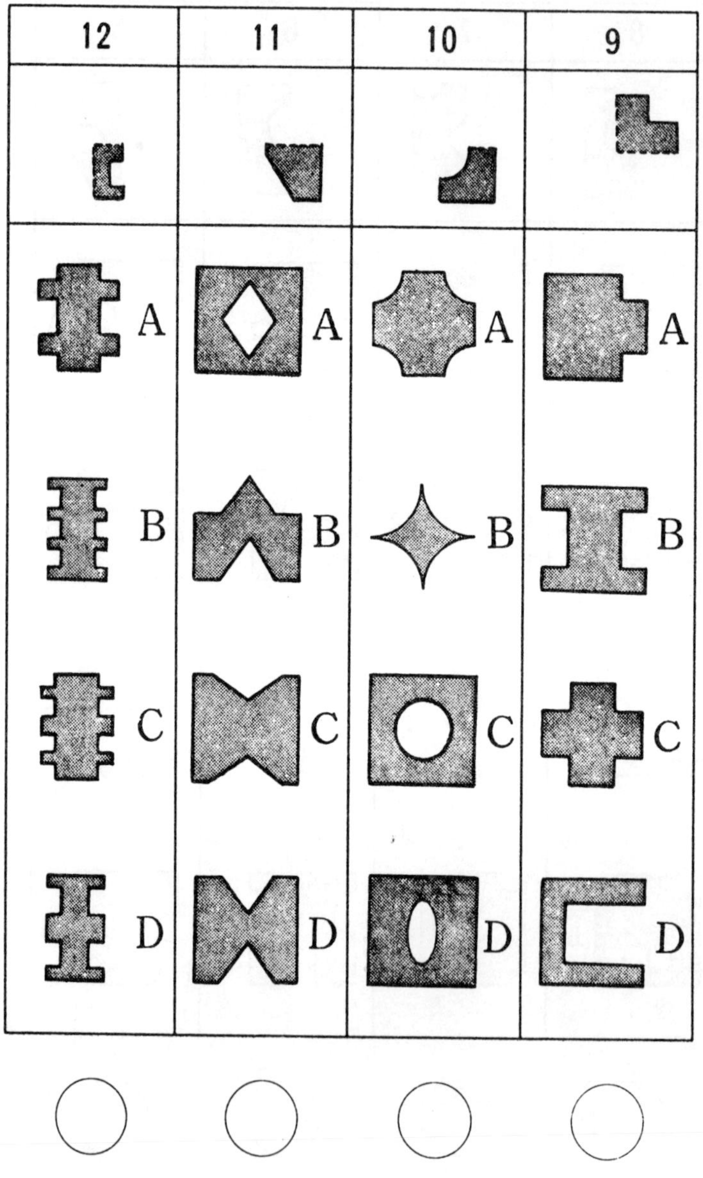
12
11
10
9
A
A
A
A
B
B
B
B
C
C
C
C
D
D
D
D

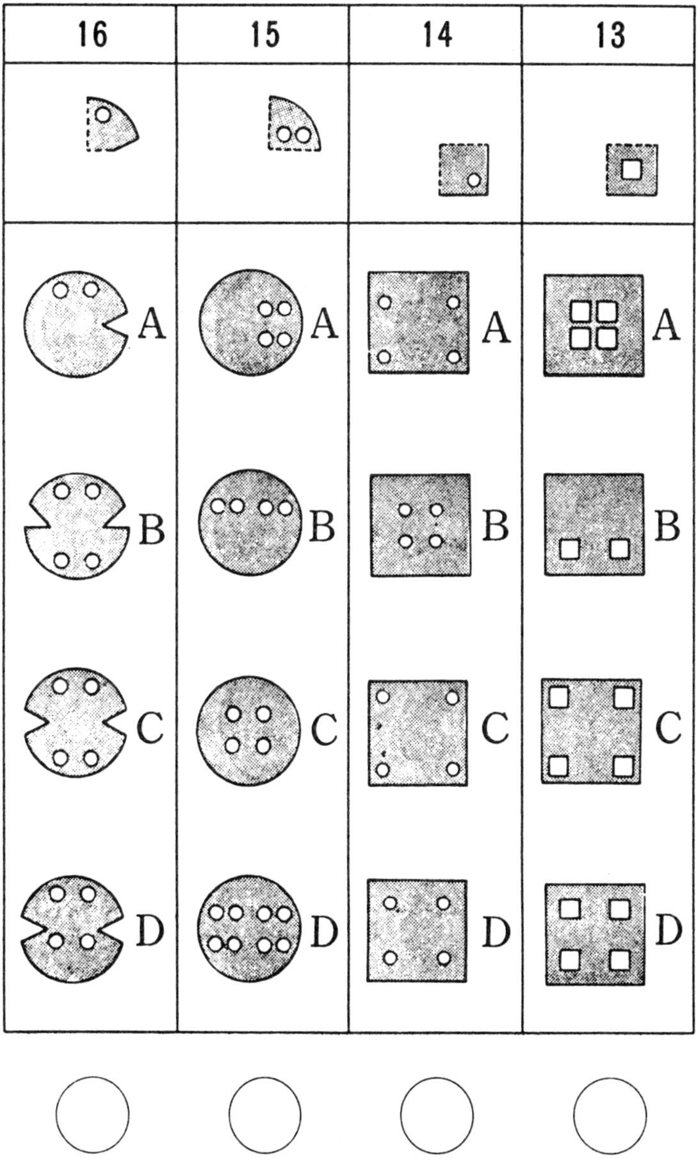
16
15
14
13
A
B
C
D

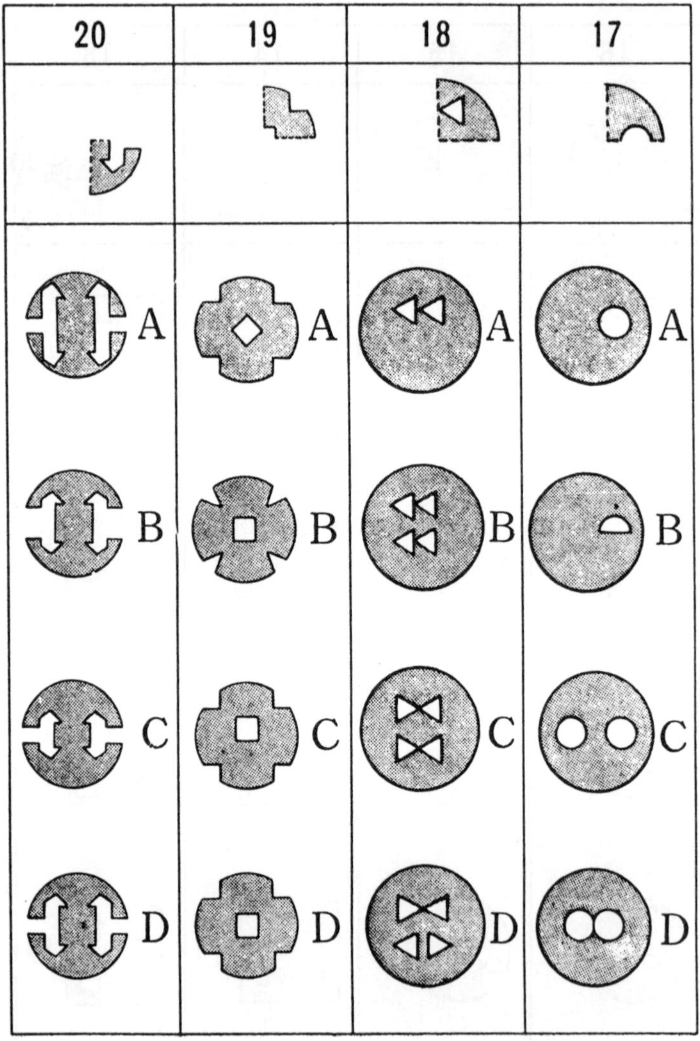
20
19
18
17
A
B
C
D

測驗6

〔限制時間3分〕

請仔細看清楚題目後再作答，然後將答案寫在○內。

【練習】

＊甲、乙兩人，每人各給5張紙，共有幾張紙？

答案 ⑩ 張

① 練習簿若干本，給了6本，還剩3本，問共有幾本？

② 哥哥14歲，我9歲，哥哥比我大幾歲？

③ 籃子裏有橘子若干個，買了7個以後，共是22個，問原來有幾個？

④ 鉛筆兩打，每人給四枝，恰好分完，問共有幾人？

◯本　◯歲　◯個　◯人

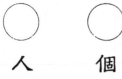

⑤ 一本書共有83頁，讀完65頁後還剩幾頁沒讀？

⑥ 五個人每人儲蓄14元，另有三人每人儲蓄35元，問共有多少元？

⑦ 紅鉛筆有8枝，藍鉛筆是紅鉛筆的5倍，問共有多少枝鉛筆？

⑧ 某數除以6等於15，問某數是多少？

⑤ ○ 頁

⑥ ○ 元

⑦ ○ 枝

⑧ ○

⑨ 12個雞蛋的價錢與10個雞蛋的價錢相差4元，問雞蛋一個多少錢？ （　）元

⑩ 有一個時鐘，每六小時快3分，問24小時後快幾分？ （　）分

⑪ 小孩子12人排一行，共排5行，今改排成3行，問每行有幾人？ （　）人

⑫ 我今年13歲，父親40歲，我20歲時，問父親是幾歲？ （　）歲

⑬ 籠子裏有四隻白鶴和兩隻烏龜，問白鶴和烏龜共有幾隻脚？

（　）脚

⑭ 昨天晚上我共睡了一天的三分之一小時，問我睡了幾小時？

（　）小時

⑮ 小明每月儲蓄五〇〇元，問要幾個月後才能儲蓄一萬元？

（　）個月

⑯ 某數乘以24剛好是30的四倍，問某數是多少？

（　）

⑰ 有一個游泳池，長20公尺，寬10公尺，深2公尺，若在池中放水每小時50立方公尺，問需放幾小時始能使水深達一公尺？

〇 小時

⑱ 某數的3倍等於7的6倍少3，問某數是多少？

〇

⑲ 田先生每天唸書40分鐘，問六天共唸幾小時？

〇 小時

⑳ 某數乘以3加9，再除以3為9，問某數是多少？

〇

中學生(1～3年級)智力測驗

【考前注意事項】

①確實控制每次測驗的限制時間。

②此測驗共包括八種型態的智能問題。

③先充分了解例題的作法後再開始作答，題目要看清楚。

④限制時間可延長至25分鐘。

測驗1

〔限制時間2分〕

下面的五個句字中，有些是意義不相同，有些則是性質不同，請把它找出來，將號碼寫在○內。

【例題】

答

①飛機　②公共汽車　③卡車　④鋼琴　⑤電車……4

①寬　②綠色　③高　④深　⑤遠……2

① ①鐘錶 ②秤子 ③量尺 ④眼鏡 ⑤溫度計……◯

② ①爬山 ②笑 ③生氣 ④哭泣 ⑤高興……◯

③ ①鋼琴 ②音響 ③吉他 ④風琴 ⑤大鼓……◯

④ ①巴黎 ②莫斯科 ③紐約 ④東京 ⑤倫敦……◯

⑤ ①雨 ②雪 ③冰 ④霙 ⑤霰……○

⑥ ①山 ②川 ③沼 ④谷 ⑤城市……○

⑦ ①直行 ②先行 ③實行 ④急行 ⑤慢行……○

⑧ ①女性 ②異性 ③女子 ④婦女 ⑤主婦……○

⑨ ①球 ②立方體 ③長方體 ④正方形 ⑤圓錐體……◯

⑩ ①德國人 ②美國人 ③西洋人 ④日本人 ⑤墨西哥人……◯

⑪ ①大雨 ②冰雹 ③小雨 ④梅雨 ⑤豪雨……◯

⑫ ①體重 ②身高 ③胸圍 ④體格 ⑤椅子高度……◯

⑬ ①春風 ②暖風 ③南風 ④狂風 ⑤風氣……◯

⑭ ①寒 ②熱 ③涼 ④高興 ⑤暖……◯

⑮ ①鐵 ②水銀 ③柴油 ④鉛 ⑤銅……◯

⑯ ①初夏 ②中秋 ③春秋 ④晚秋 ⑤初冬……◯

⑰ ①法朗 ②美金 ③馬克 ④英呎 ⑤比索……○

⑱ ①本流 ②上游 ③支流 ④潮流 ⑤下游……○

⑲ ①泰國 ②緬甸 ③馬來西亞 ④日本 ⑤菲律賓……○

⑳ ①龍舟 ②端午 ③粽子 ④清明 ⑤屈原……○

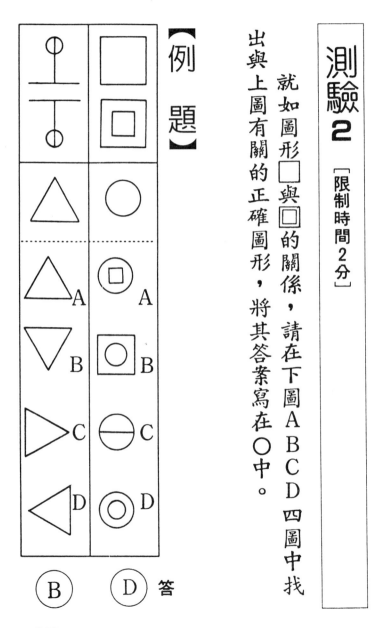

測驗2

［限制時間2分］

就如圖形□與回的關係，請在下圖ABCD四圖中找出與上圖有關的正確圖形，將其答案寫在○中。

【例題】

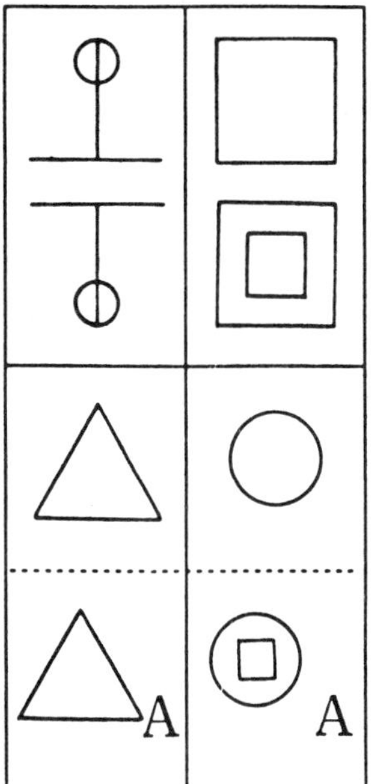

答 Ⓓ Ⓑ

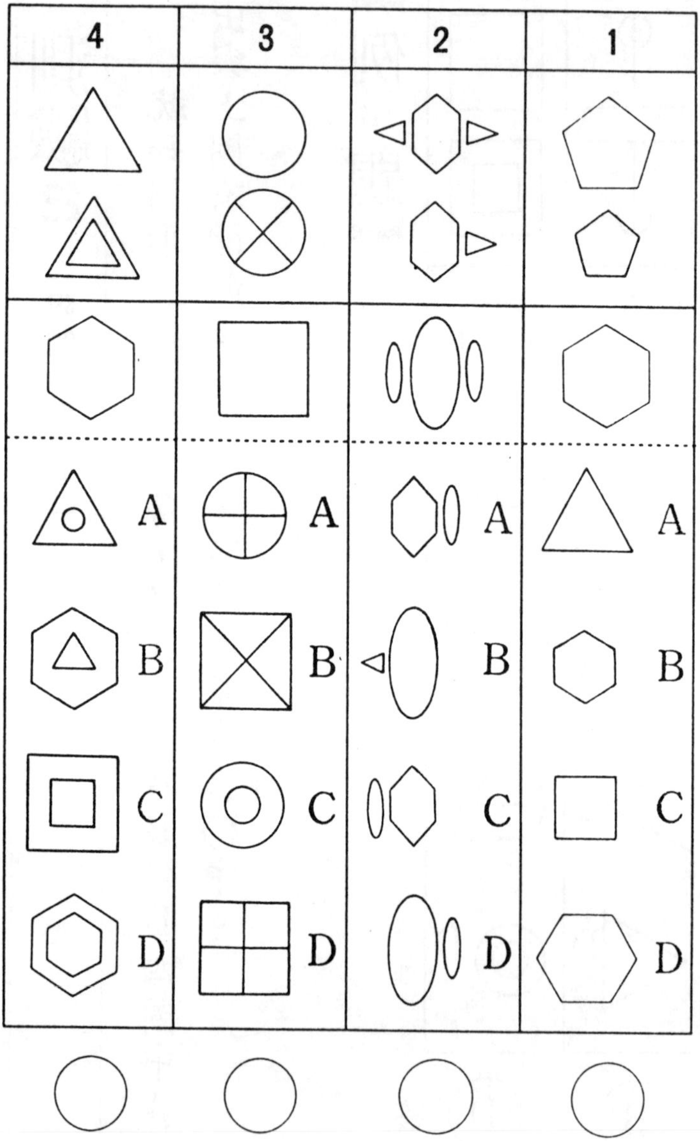
4
3
2
1
A
B
C
D
A
B
C
D
A
B
C
D
A
B
C
D

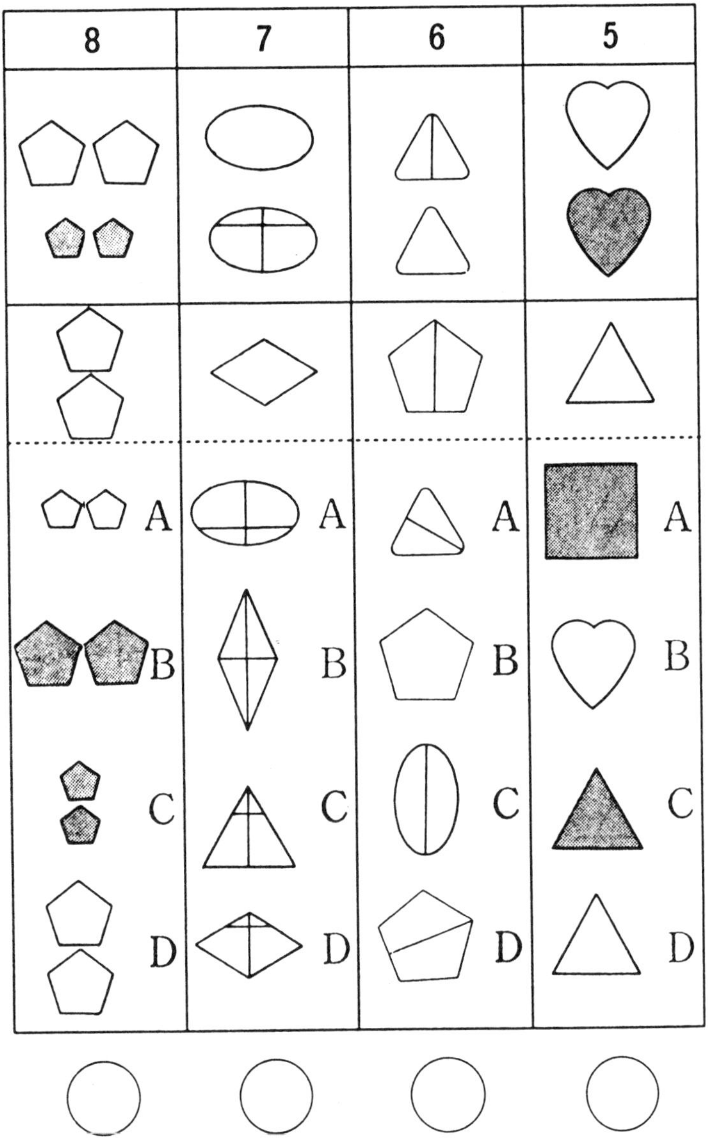
8
7
6
5
A
B
C
D

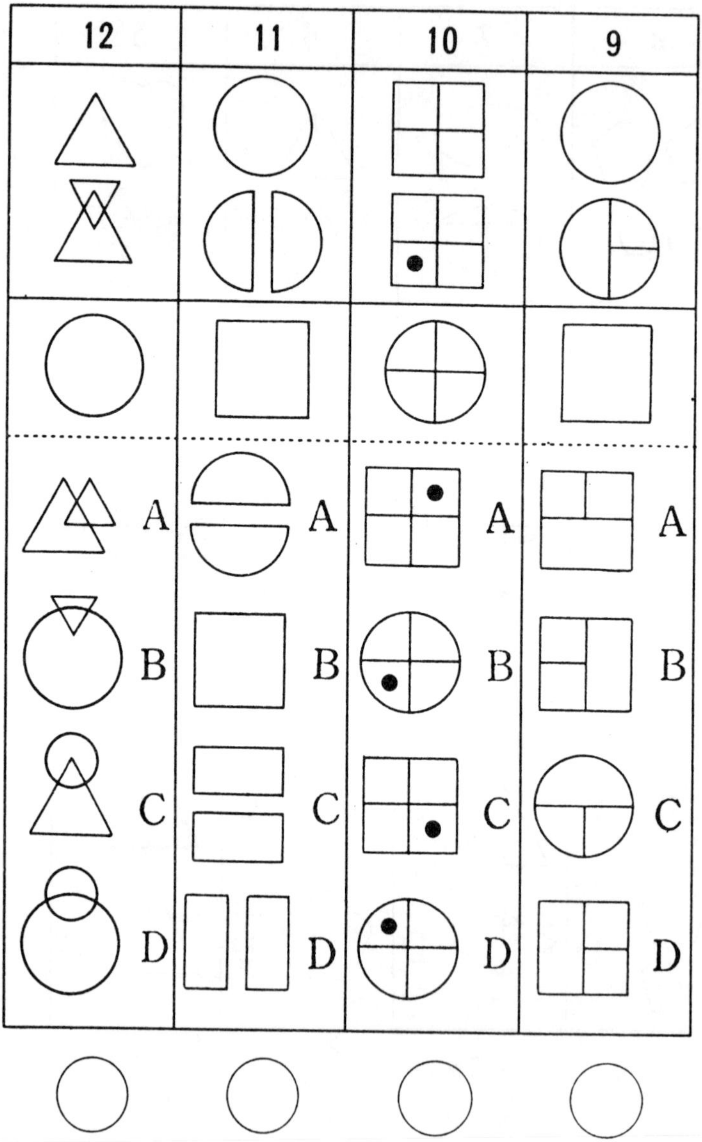
12
11
10
9
A
B
C
D
A
B
C
D
A
B
C
D
A
B
C
D

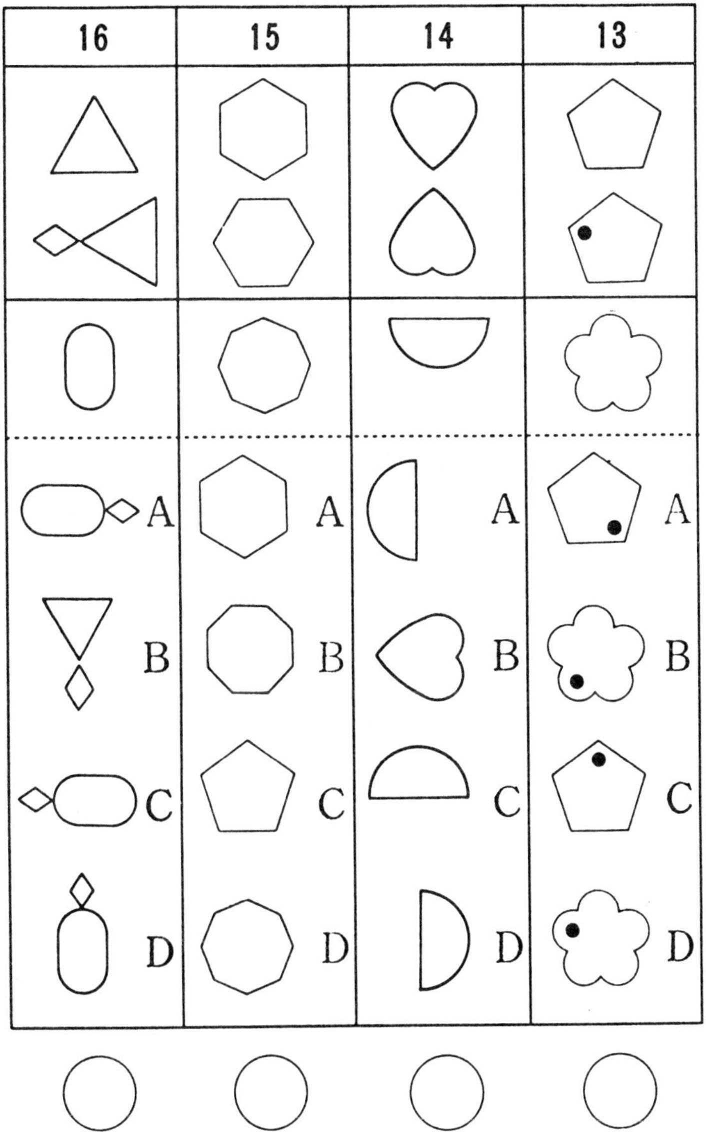
16
15
14
13
A
B
C
D

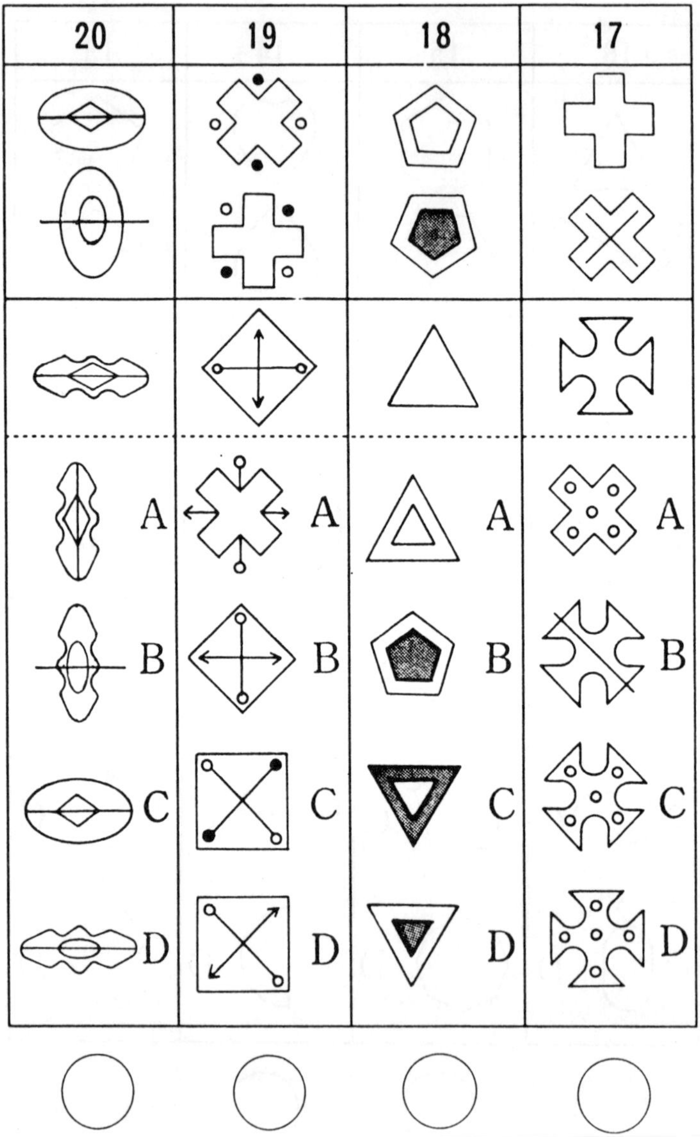
20
19
18
17
A
A
A
A
B
B
B
B
C
C
C
C
D
D
D
D

測驗3

〔限制時間2分〕

請在下面ABCD四語句中找出與上面的字義相反的詞句來，將答案寫在○中。

【例題】

答

幸福⇩Ⓐ幸運　Ⓑ祝福　Ⓒ被害　Ⓓ不幸……(D)

成功⇩Ⓐ成績　Ⓑ發現　Ⓒ失敗　Ⓓ不幸……(C)

①利益⇩Ⓐ利息　Ⓑ災禍　Ⓒ損失　Ⓓ得失……◯

②服從⇩Ⓐ柔順　Ⓑ反抗　Ⓒ協調　Ⓓ盲從……◯

③善意⇩Ⓐ熱意　Ⓑ誠意　Ⓒ惡意　Ⓓ善意……◯

④建設⇩Ⓐ再建　Ⓑ生產　Ⓒ崩壞　Ⓓ破壞……◯

⑤依存⇩ Ⓐ對立 Ⓑ依賴 Ⓒ保護 Ⓓ獨立……○

⑥減少⇩ Ⓐ大量 Ⓑ輕薄 Ⓒ增加 Ⓓ發展……○

⑦通過⇩ Ⓐ駁回 Ⓑ否定 Ⓒ反對 Ⓓ否決……○

⑧輕視⇩ Ⓐ尊大 Ⓑ無視 Ⓒ重視 Ⓓ重大……○

⑨容易⇩Ⓐ難物　Ⓑ苦難　Ⓒ簡單　Ⓓ困難…………◯

⑩理想⇩Ⓐ實現　Ⓑ現實　Ⓒ事實　Ⓓ空想…………◯

⑪原告⇩Ⓐ廣告　Ⓑ告示　Ⓒ密告　Ⓓ被告…………◯

⑫總合⇩Ⓐ全體　Ⓑ種別　Ⓒ分析　Ⓓ分擔…………◯

⑬生產⇩
Ⓐ消耗
Ⓑ消失
Ⓒ浪費
Ⓓ消費
……◯

⑭相對⇩
Ⓐ客觀
Ⓑ對立
Ⓒ反對
Ⓓ絶對
……◯

⑮冷淡⇩
Ⓐ穩健
Ⓑ冷靜
Ⓒ溫和
Ⓓ親切
……◯

⑯統制⇩
Ⓐ經濟
Ⓑ規制
Ⓒ制限
Ⓓ自由
……◯

⑰自然⇩Ⓐ天然　Ⓑ物質　Ⓒ人工　Ⓓ文明……（　）

⑱無限⇩Ⓐ永久　Ⓑ限界　Ⓒ有限　Ⓓ瞬間……（　）

⑲得意⇩Ⓐ不幸　Ⓑ失敗　Ⓒ失策　Ⓓ失意……（　）

⑳抽象的⇩Ⓐ理想的　Ⓑ物質的　Ⓒ經驗的　Ⓓ具象的……（　）

測驗4

〔限制時間2分〕

上面的圖形是由下面四個圖形拼湊而成的，請將多餘的圖形找出來。將答案寫在○內。

【例題】

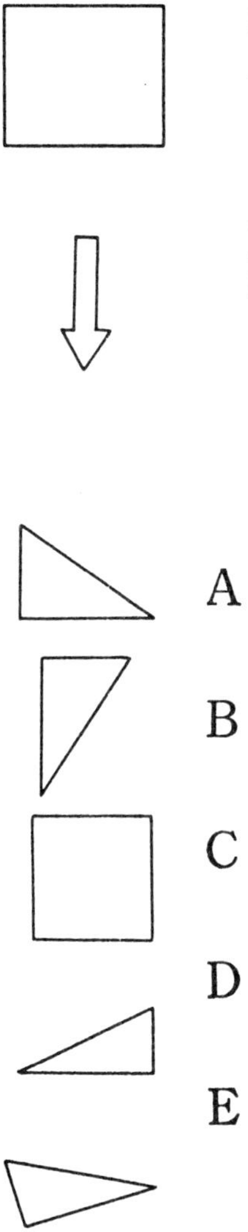

答 Ⓒ

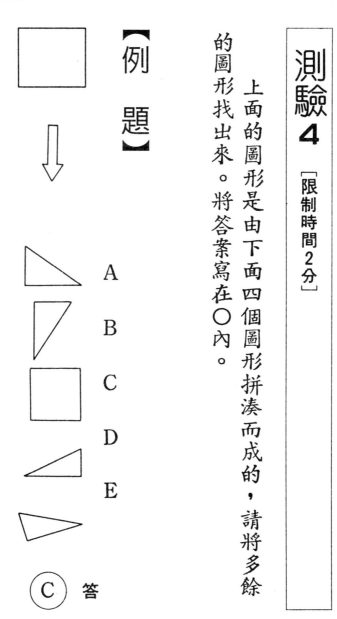

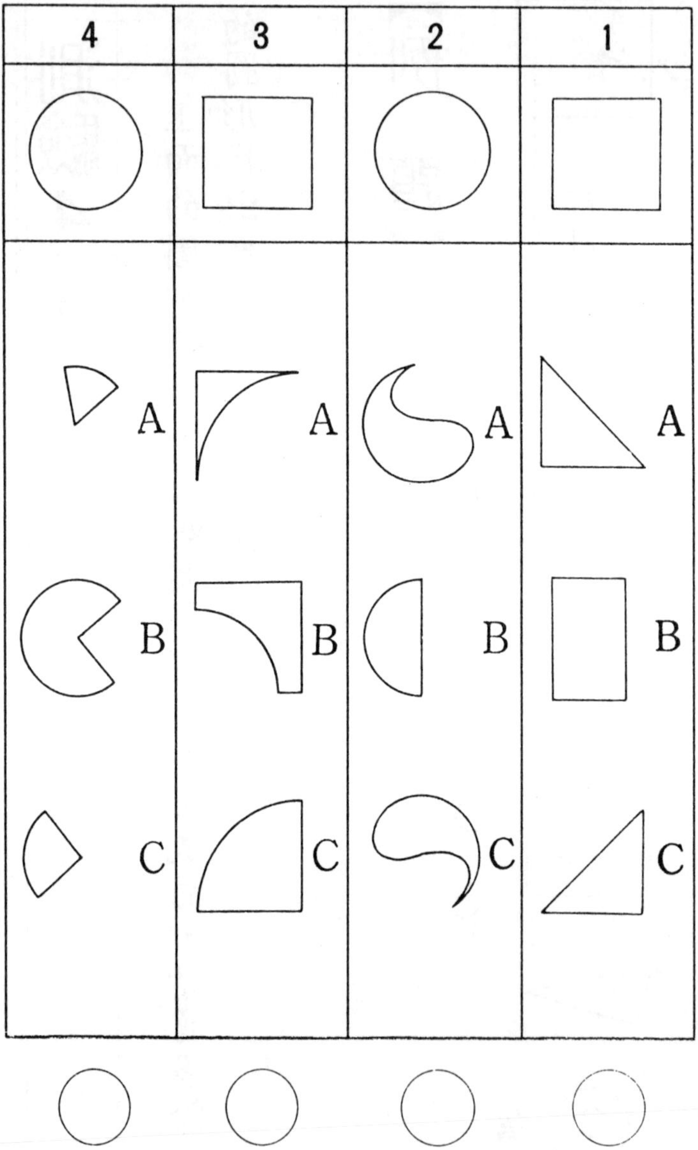
4
3
2
1
A
A
A
A
B
B
B
B
C
C
C
C

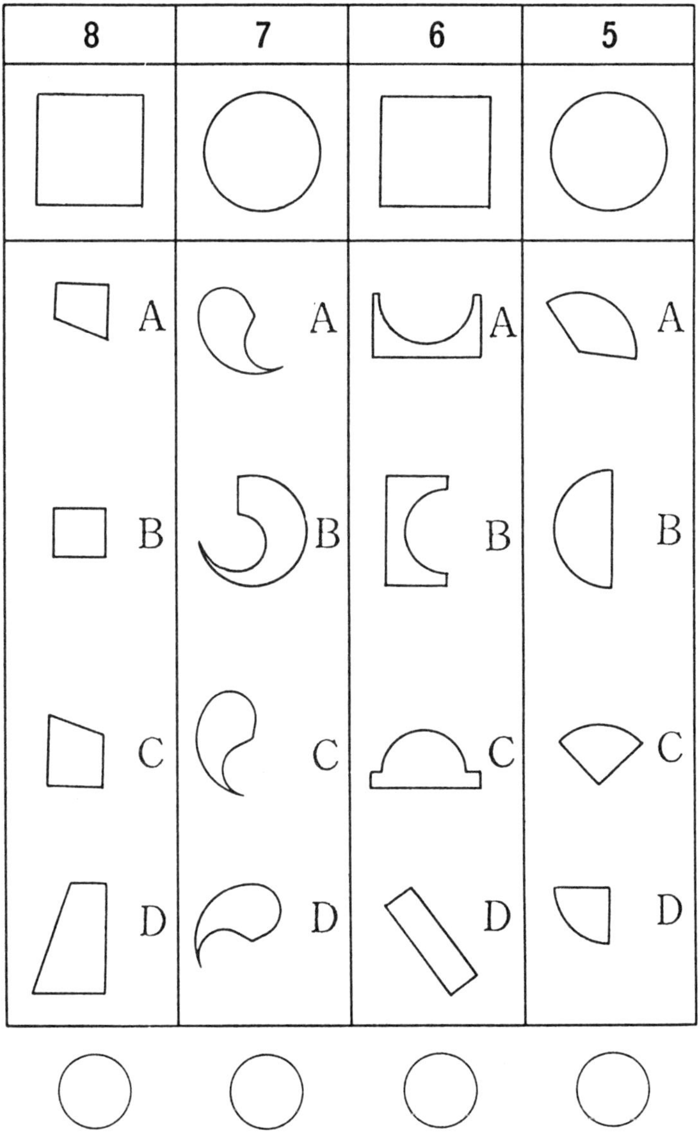
8
7
6
5
A
A
A
A
B
B
B
B
C
C
C
C
D
D
D
D

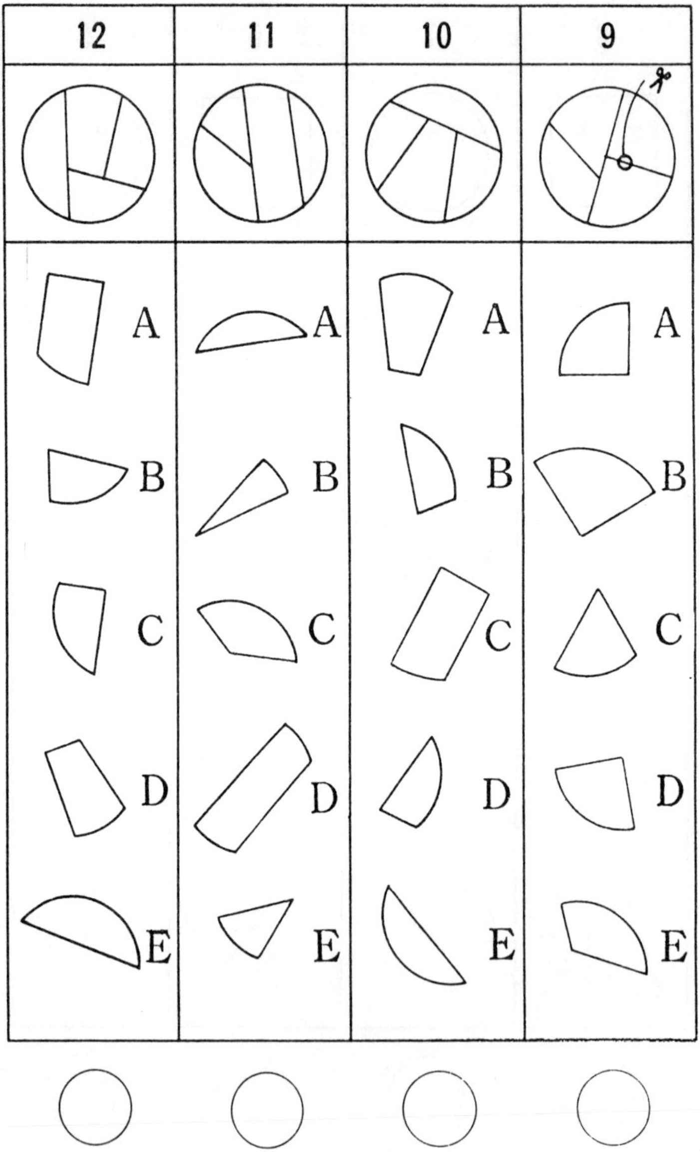
12
11
10
9
A
B
C
D
E

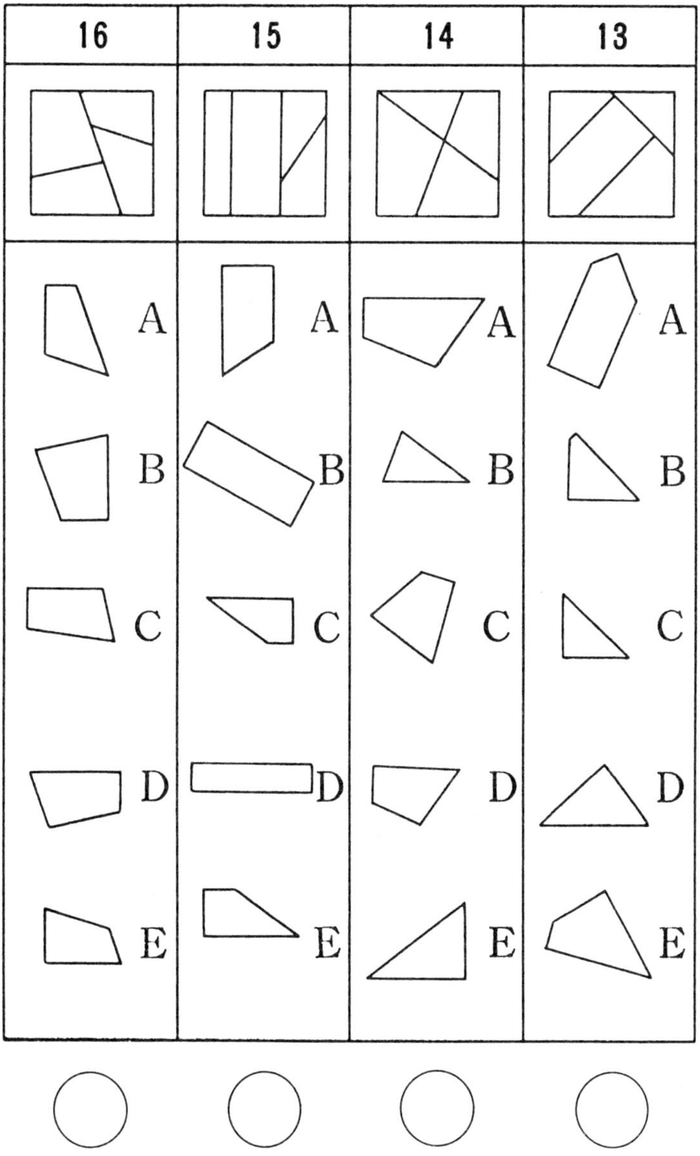
16
15
14
13
A
B
C
D
E

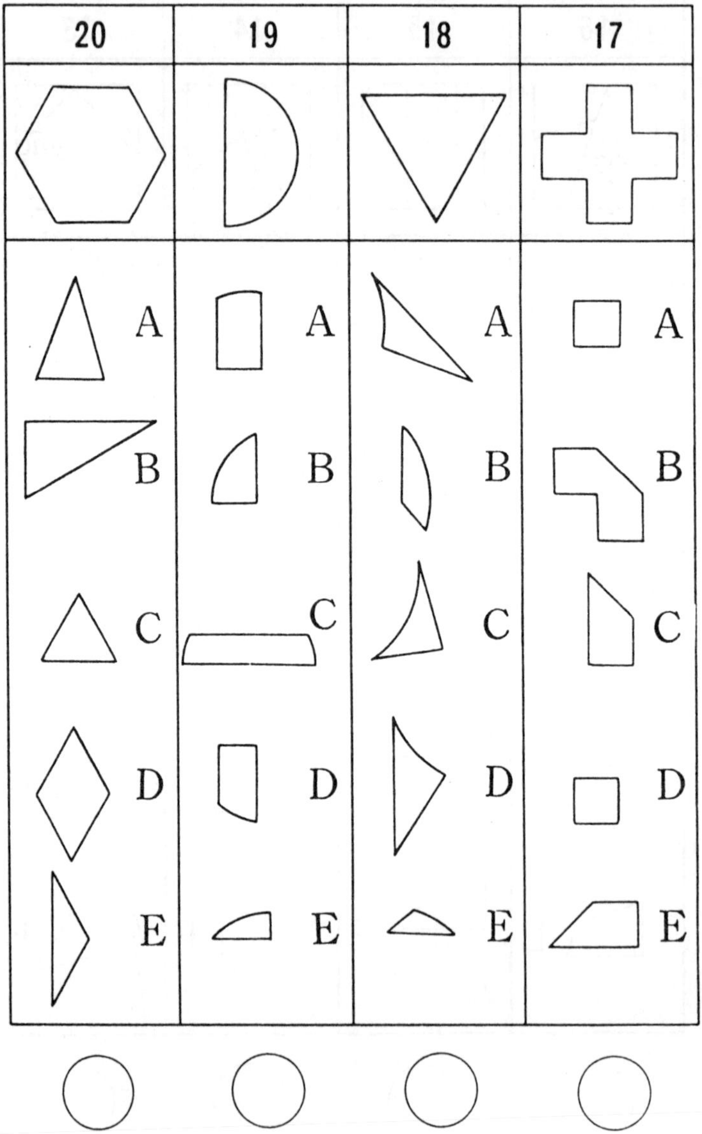
20
19
18
17
A
B
C
D
E

測驗5

〔限制時間2分30秒〕

如上面所寫的兩個字：＜眼鏡：看＞間有相互關係，請在下面四個答案中找出與＜尺：○＞有相互關係的字，將正確的答案寫在○內。

【例題】

＊＜眼鏡：看＞＝＜尺：④＞

①拉長　②寫　③看　④量

＊＜鳥：飛＞＝＜魚：③＞

①走　②逃　③泳　④釣

①〈時間…鐘錶〉＝〈溫度…○〉

①水溫計　②乾燥機　③氣壓計　④溫度計

②〈冬…滑雪〉＝〈夏…○〉

①打棒球　②溜冰　③足球　④游泳

③〈吉他…彈〉＝〈報紙…○〉

①放大　②寫　③看　④折疊

④〈汽車…大卡車〉＝〈汽船…○〉

①客貨兩用輪　②帆船　③漁船　④貨輪

⑤＜網球……球拍＞＝＜棒球……○＞
①球　②手套　③球棒　④投手

⑥＜點……線＞＝＜線……○＞
①直角　②長度　③圓　④面積　⑤面

⑦＜公克……重量＞＝＜公尺……○＞
①面積　②體積　③高度　④速度　⑤距離

⑧＜固體……金＞＝＜氣體……○＞
①水　②雨　③輕　④空氣　⑤風

⑨＜成功…失敗＞＝＜當選…〇＞

①投票　②選舉　③抽選　④落選　⑤不運

⑩＜理想…現實＞＝＜理性…〇＞

①空想　②事實　③象徵　④即物　⑤感情

⑪＜有限…無限＞＝＜分析…〇＞

①分裂　②分離　③獨立　④綜合　⑤積分

⑫＜勤勉…怠慢＞＝＜逆境…〇＞

①環境　②進境　③狀況　④順境　⑤友情

⑬〈愛情：背信〉＝〈信賴：○〉

①信用　②協調　③反抗　④不信　⑤反感

⑭〈警察：治安〉＝〈政府：○〉

①立法　②軍備　③金融　④預算　⑤行政

⑮〈地理：空間〉＝〈歷史：○〉

①史實　②進步　③傳統　④時間　⑤發展

⑯〈通過：否決〉＝〈協調：○〉

①否定　②未決　③決定　④分裂　⑤團結

⑰〈暴躁…輕率〉＝〈慎重…○〉

①熱心　②專心　③神氣　④安定　⑤剛強

⑱〈奮發…消沈〉＝〈得意…○〉

①自大　②失意　③膽怯　④愉快　⑤善意

⑲〈一般…特殊〉＝〈共通…○〉

①特別　②個人　③團體　④個性　⑤特質

⑳〈消費…浪費〉＝〈生產…○〉

①製造　②建設　③量產　④亂造　⑤供給

測驗6

〔限制時間2′分30秒〕

左側的圖形是由上往下發生規則的變化，到第四時應呈何種圖形呢？請從下列ABCD四種答案中選出正確的答案填在○內。

【例題】

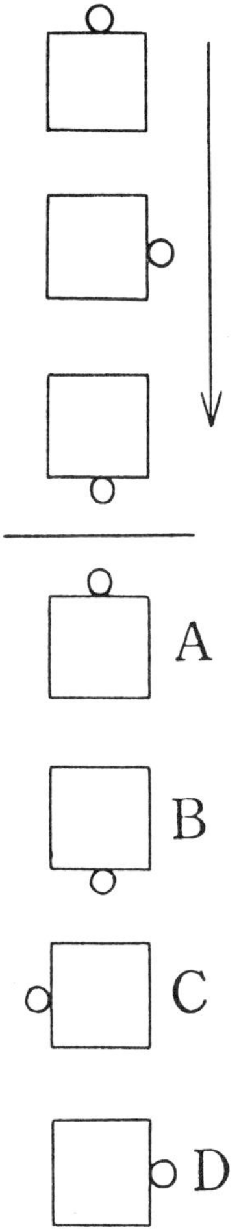

答 Ⓒ

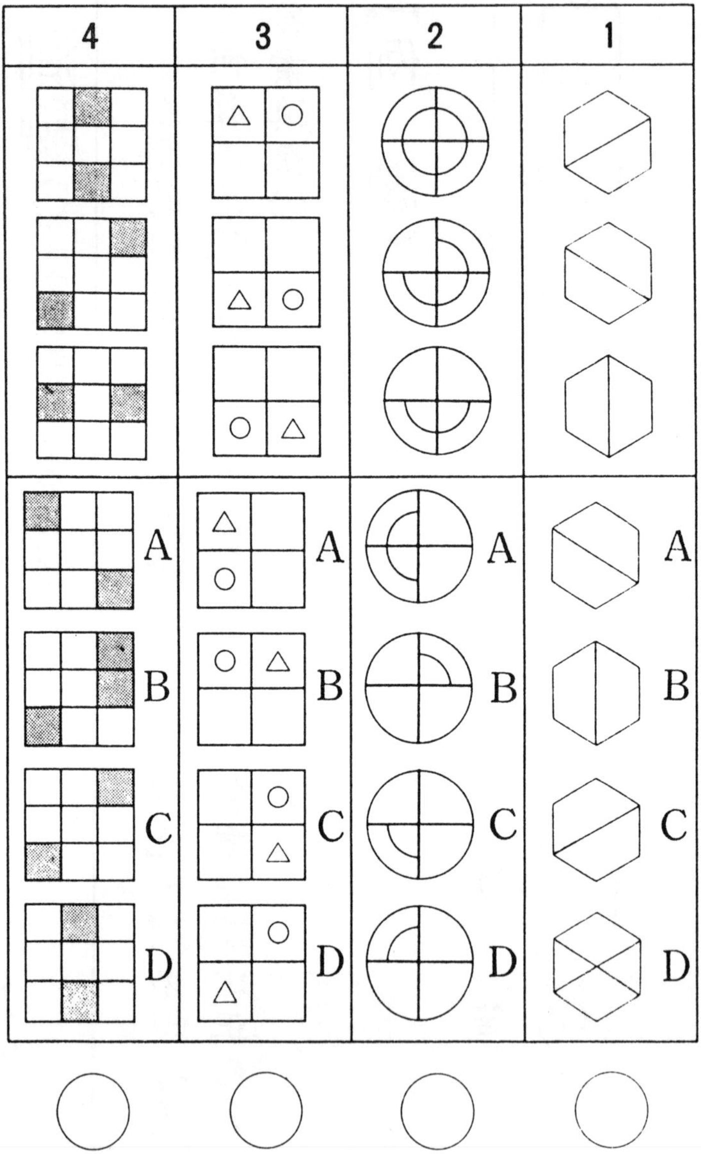
4
3
2
1
A
B
C
D

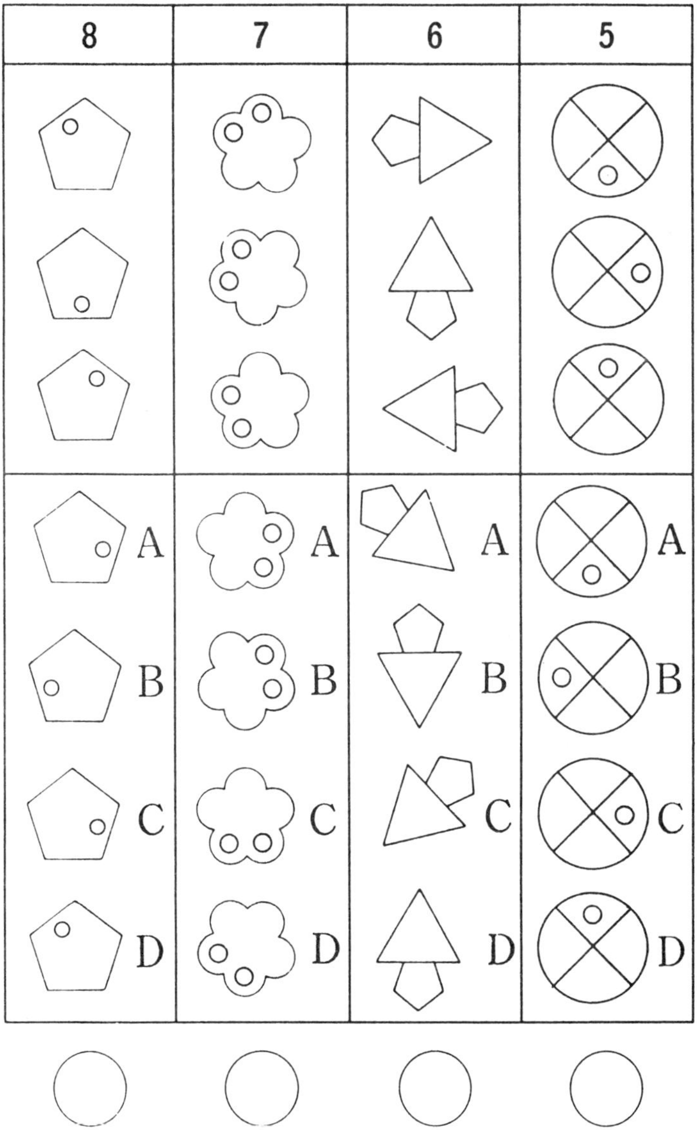
8
7
6
5
A
B
C
D
A
B
C
D
A
B
C
D
A
B
C
D

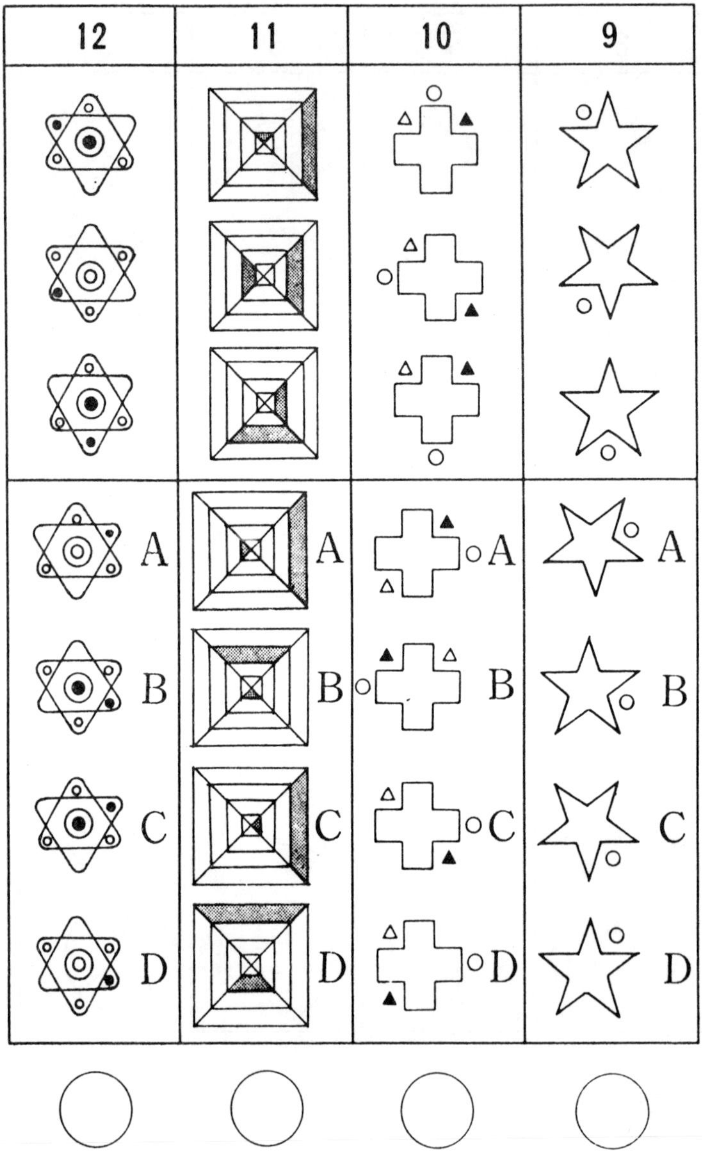
12
11
10
9
A
B
C
D

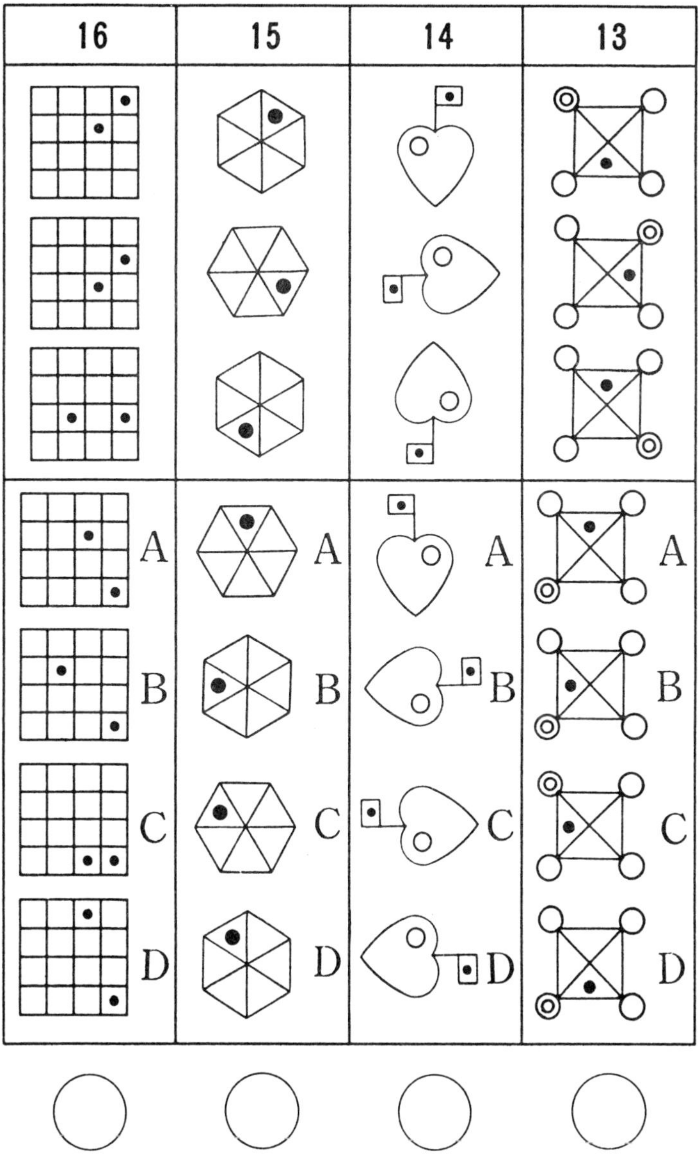
16
15
14
13
A
B
C
D

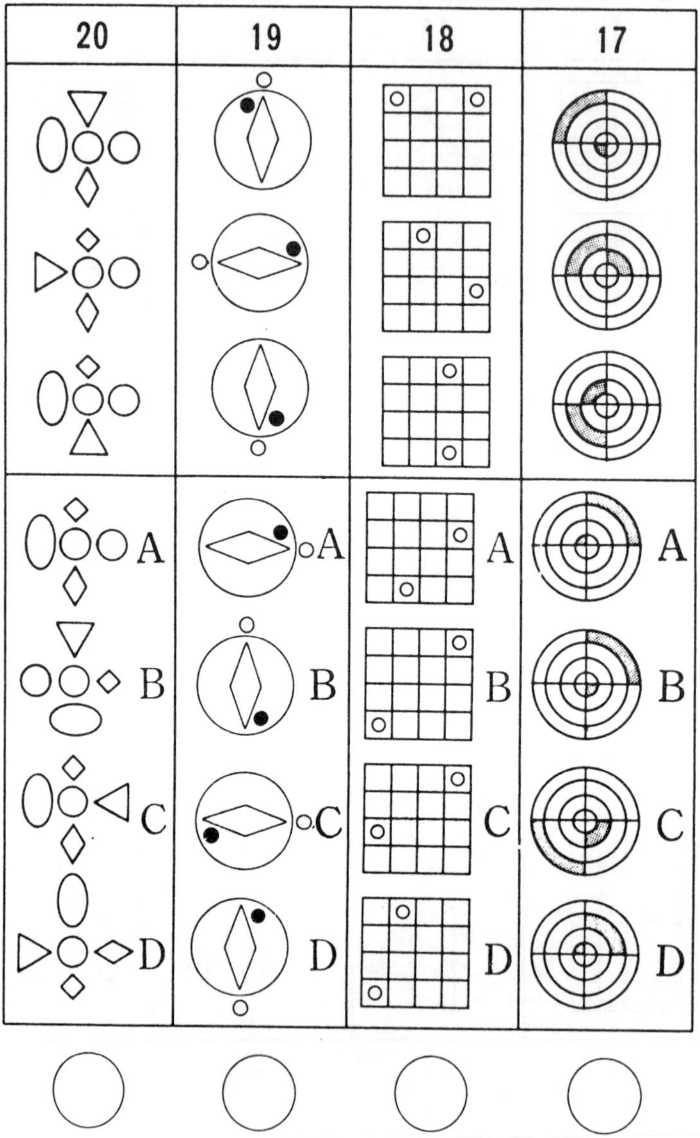
20
19
18
17
A
B
C
D

測驗7

〔限制時間5分〕

從以下A、B、C、D四個答案中選擇一正確的答案，將號碼寫在○中。

【練習】

＊陳先生買了半打鉛筆，問共有幾枝？

Ⓐ12枝　Ⓑ8枝　Ⓒ6枝　Ⓓ16枝

＊用50元買本筆記簿，十五元買塊橡皮擦，問共花多少元？

Ⓐ75元　Ⓑ65元　Ⓒ55元　Ⓓ60元

答案

(C)

(B)

① 趙小姐買了一打半鉛筆，
問共買幾枝？
Ⓐ6枝　Ⓑ8枝　Ⓒ12枝　Ⓓ18枝

② 某物每個12元，共買一打，
問要花多少錢？
Ⓐ100元　Ⓑ120元　Ⓒ144元　Ⓓ150元

③ 筆記簿定價二〇〇元，打85折後，
問是多少錢？
Ⓐ150元　Ⓑ170元　Ⓒ180元　Ⓓ185元

④ 只知田先生儲蓄的40%是八千元，
問周先生共儲蓄多少元。
Ⓐ一萬二千元　Ⓑ一萬六千元
Ⓒ二萬元　Ⓓ三萬二千元

⑤ 筆記共有一八〇本，問共有幾打？

Ⓐ10打　Ⓑ12打　Ⓒ15打　Ⓓ28打

⑥ 在八萬元中拿出四千元儲蓄，問儲蓄的錢是所有錢的百分之幾？

Ⓐ5％　Ⓑ10％　Ⓒ15％　Ⓓ20％

⑦ 每邊2公分的正方形若干個，問需幾個才能拼成每邊為六公分的正方形？

Ⓐ6個　Ⓑ8個　Ⓒ9個　Ⓓ12個

⑧ 有一車輪轉了四圈後走了10公尺，問轉10圈走幾公尺？

Ⓐ16m　Ⓑ20m　Ⓒ25m　Ⓓ30m

⑨ 兩星期中，晴天的日子比不是晴天的日子多4天，問晴天共有幾天？

Ⓐ8日 Ⓑ9日 Ⓒ10日 Ⓓ11日

⑩ 某物以四〇〇元買進，五〇〇元賣出，問賺了買價的百分之多少？

Ⓐ15％ Ⓑ20％ Ⓒ25％ Ⓓ40％

⑪ 某人每天唸書1小時20分，問四天共唸多少小時？

Ⓐ4時50分 Ⓑ5小時 Ⓒ5時10分 Ⓓ5時20分

⑫ 火車上午10時15分從台北出發，下午1時45分到達台中，問共花多少小時？

Ⓐ3小時 Ⓑ3時30分 Ⓒ3時40分 Ⓓ4小時

⑬ 某人每個月存五〇〇元，存了一年，問還需多少才會變成一萬元？

Ⓐ 3千元　Ⓑ 4千元　Ⓒ 5千元　Ⓓ 6千元

⑭ 某物定價三〇〇元，打八折售出，而其成本只有一八〇元，問賺了多少錢？

Ⓐ 40元　Ⓑ 50元　Ⓒ 60元　Ⓓ 80元

⑮ 香煙每包15元，橘子一個10元，用100元恰可買相同數目的香煙和橘子，問買香煙花多少錢？

Ⓐ 40元　Ⓑ 45元　Ⓒ 50元　Ⓓ 60元

⑯ 有一棒球隊，至現在為止的紀錄是勝60場，敗50場，如果以後還有40場比賽，必須要勝15場，問其成功機率有多少？

Ⓐ 四　Ⓑ 四・五　Ⓒ 五　Ⓓ 五・五

⑰ 某人一個月共唸書一百小時，問每天平均唸多少小時？（一個月以三十天計算）

Ⓐ3小時 Ⓑ3時10分 Ⓒ3時20分 Ⓓ3時30分 ◯

⑱ 父親的年紀是我的三倍，兩人的年齡合起來共是52歲，問父親幾歲？

Ⓐ33歲 Ⓑ36歲 Ⓒ39歲 Ⓓ42歲 ◯

⑲ 昨天中午剛撥成正確時刻的鐘至今天下午六時又快了5分鐘，問此鐘每小時快幾秒鐘？

Ⓐ5秒 Ⓑ10秒 Ⓒ20秒 Ⓓ30秒 ◯

⑳ 有一棒球隊已比賽40場，贏了25場，以後尚需比賽50場，問必須贏多少場才能達六成的勝算？

Ⓐ24場 Ⓑ25場 Ⓒ29場 Ⓓ34場 ◯

測驗8

〔限制時間7分〕

請唸下文中的句子，然後選出一正確的答案寫在○內。

【例題】

＊ 小明比小華跑得慢，但比小美跑得快，問哪一個跑得最快？

①小明 ②小華 ③小美

答 ②

＊ 鴨子用脚游泳，雲雀

①飛在空中 ②用翅膀飛 ③唱歌

②

① 小華站在小明右邊，小美站在小明左邊，三個人誰站在中間？

①小明　②小華　③小美

② 大同右邊手指受傷，既非大拇指也不是小指，更不是無名指和旁邊的手指，問受傷的是那一指？

①食指　②無名指　③不知道

③ 鯉魚比鯽魚大，比鮪魚小，問最小的是什麼魚？

①鯉魚　②鯽魚　③鮪魚

④ 小華比小芬年紀大，但比小雯小，問誰年紀最大？

①小芬　②小華　③小雯

⑤ 傍晚太陽下山時，春子的影子在她左手邊，問春子的臉面對哪一方？
①東 ②北 ③西 ④南

⑥ 紐約市的人口比巴黎多，但比東京少，此三地方的人口第二多的是哪裏？
①巴黎 ②東京 ③紐約

⑦ 水銀比金子重，鉛又比水銀重，問最輕的是哪一個？
①水銀 ②鉛 ③金子

⑧ 若雯是於嵐的母親，凡偉是若雯的長孫，問於嵐是凡偉的什麼人？
①兒子 ②父親 ③孫子 ④祖父

⑨ 狗用脚跑，鳥用翅膀飛，魚

①潛在河裏　②在海裏游泳　③用鰭游泳

⑩ 所有的圓都是圓形，此圖形不是圓，

所以這圖形是

①正方形　②橢圓形　③不是圓形

⑪ 注音符號「ㄅㄧ」用「○◎」代替；「ㄅㄚ」用「○◉」代表，則符號「ㄧㄚ」是

①○◎　②◉◎　③○◉　④◎◉

⑫ A比B高，C比D高，但C比A矮，

問誰最高？

①A　②B　③C　④D

⑬ 某人欲找路回家，往西走恰好碰到一十字路口，由十字路口向左走則會遇上大河，往前直走則此路不通，請問他應往哪個方向走。

①東 ②西 ③南 ④北

⑭ 逸書往火車站時會經過蓉蓉和軒凡的家，秋楓到火車站也必須經過軒凡的家，問哪一個人家離火車站最近？

①秋楓 ②蓉蓉 ③軒凡 ④逸書

⑮ 人都會說謊話，約翰是人，因此

①人沒有信用 ②約翰也會說謊話

③說謊的不只是約翰

⑯ A是B、C、D中的一個，A不是B，則
①A是C ②結論不明
③A非D卽C

⑰ 有A、B兩個大箱子，在B箱子中又有C、D、E三個箱子，在C箱子中尚有4個小箱子，D箱子中有5個小箱子，E箱子中有6個小箱子，問共有多少個箱子？
①15個 ②19個 ③20個 ④22個 ⑤25個

⑱ 有三個人比賽競走，光男穿溜冰鞋，齊雲和A騎脚踏車，正雄最先到，最後到達的是騎脚踏車中的一個。問A是誰？
①光男 ②齊雲 ③正雄

⑲

在馬拉松競賽中，凡偉勝凡傑，凡華比凡齊慢，正男輸信男，但凡傑並沒有輸，凡偉又比弟弟凡齊先，但差正男還有一大段距離，問誰跑最快？

①凡傑　②凡偉　③凡華　④凡齊

⑤正男　⑥信男

◯

⑳

假使某人是有名的電視明星，則應人人皆知。A是人人皆知的人物，因此

①A是有名的電視明星

②A是有名的歌星

③A並不一定是有名的電視明星

④A是人人皆知的藝人

◯

普遍級（10歲～大學生・社會人士）智力測驗

【測驗前的準備】

①由十歲的小學生至大學生、社會人士都可做此測驗。
②確實控制其「限制時間」。
③須先充分了解每一習題的作法後再開始做測驗題。
④普遍級的智力測驗可先跳過難解的問題而做簡單的。
⑤限制時間可延長至一小時。

測驗1

〔限制時間4分〕

——原理的發現與應用

「無尾熊蹺蹺板遊戲」

〔練習問題〕

兩隻重量相同的無尾熊在玩蹺蹺板，蹺蹺板是否能平衡呢？

右邊的無尾熊向外移動了一格，蹺蹺板會向哪一方降下？或者是仍保持平衡？請把正確答案圈起來。

〔問題1〕

在蹺蹺板的外側各坐一無尾熊和一隻小熊，若小熊比無尾熊重，則蹺蹺板會向那一邊降下？或者仍保持平衡？請把正確答案圈起來。

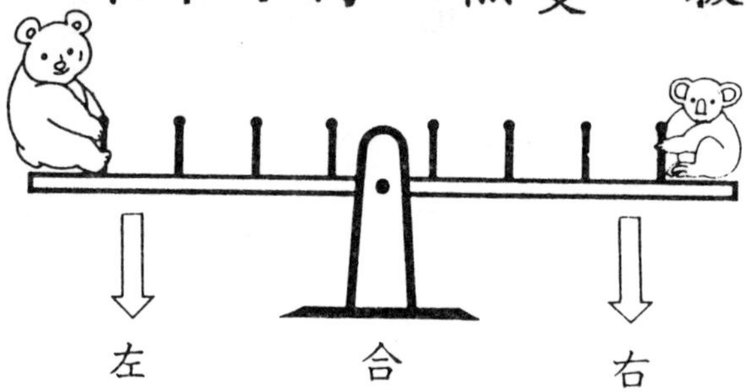

〔問題2〕

在蹺蹺板那一端會降下或者仍保持平衡，請把答案圈起來。

〔問題3〕

三隻無尾熊依圖在蹺蹺板上玩，結果會如何呢？

〔問題4〕

若小熊的重量是無尾熊的兩倍，此時蹺蹺板會向哪一端降下？請把正確答案圈起來。

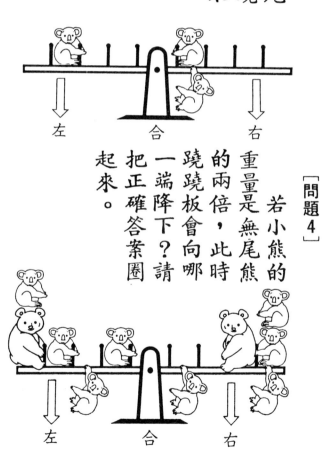

〔問題5〕

天平兩邊各有相同重量的砝碼若干個，右邊三個，左邊四個，問天平會向哪端下降，或者仍保持平衡？

《天平》

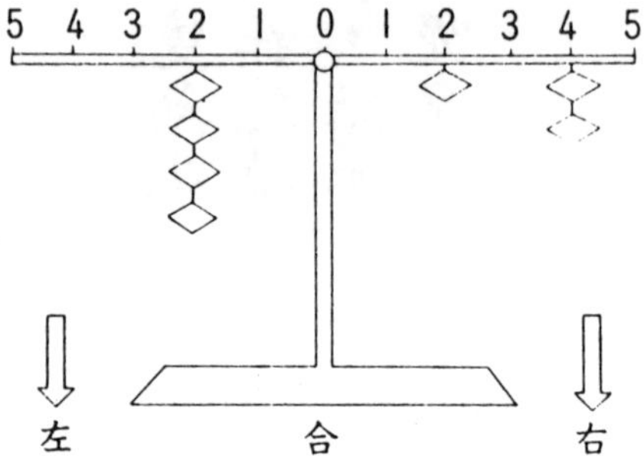

〔問題6〕

天平的情形如何？

請把正確的答案圈起來。

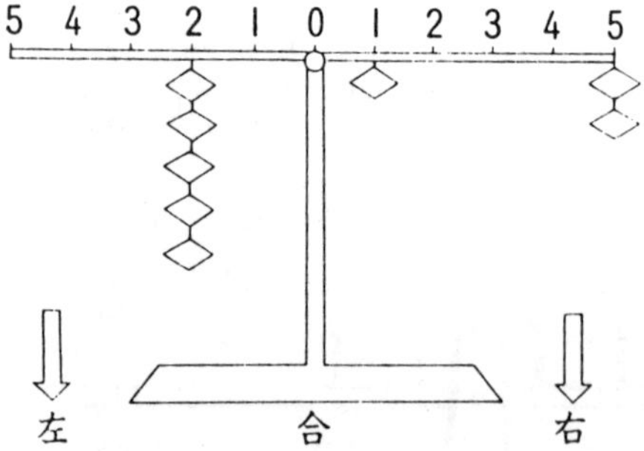

〔問題7〕在天平兩端各掛七個砝碼，問天平會變得如何？

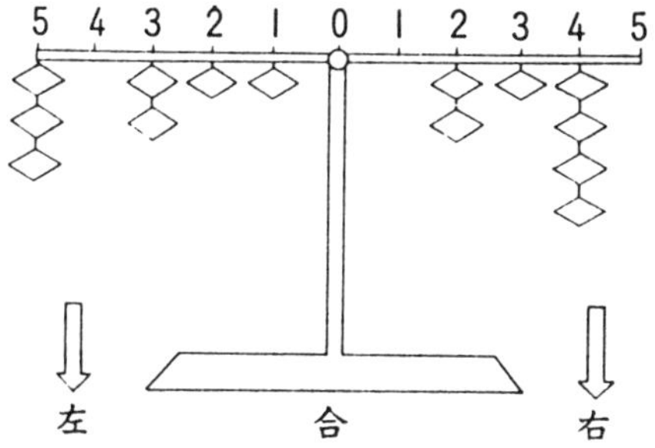

〔問題8〕依左圖，天平將發生何種情況？請把答案圈起來。

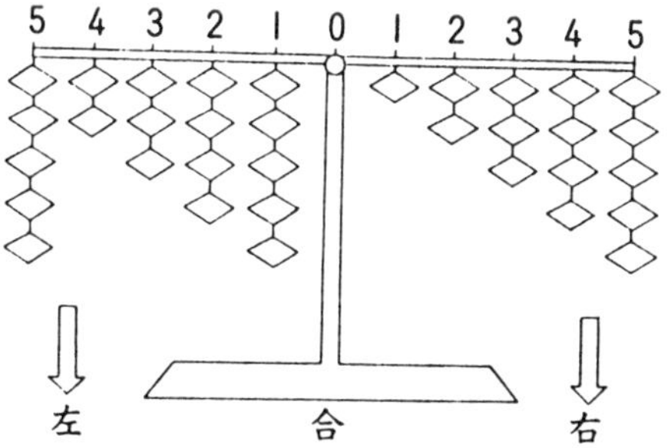

〔問題9〕
蹺蹺板上的熊將繩子往下拉，問在A、B位置上的兩隻無尾熊是上升或下降？

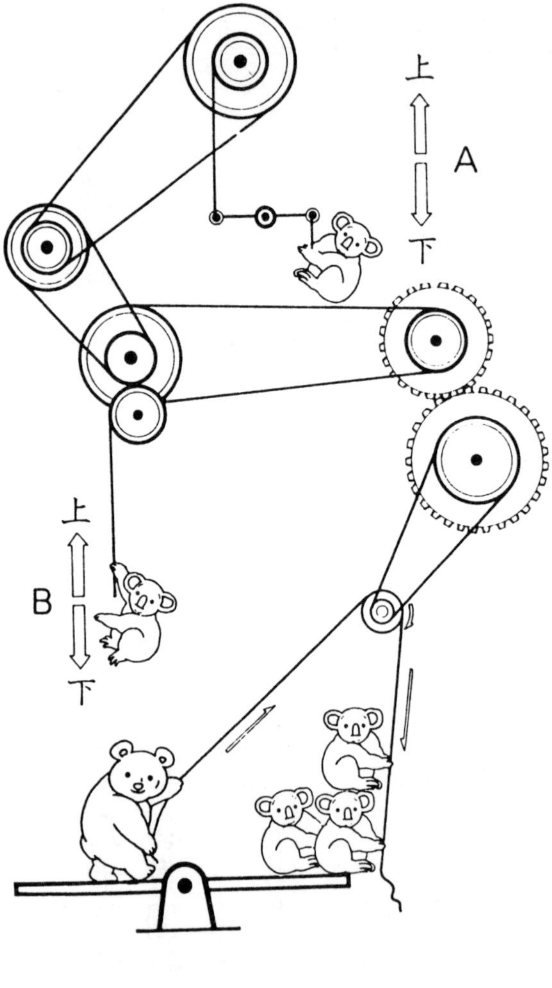

測驗2

［限制時間2分］

——相似形的判斷

「折紙遊戲」

把紙對折後，用剪刀像左圖一樣剪好後展開，則會呈何種形狀呢？請將正確的圖形號碼寫在○內。

［練習問題］

將四方形紙按虛線對折後用剪刀剪個半圓形，展開後會變為如何？

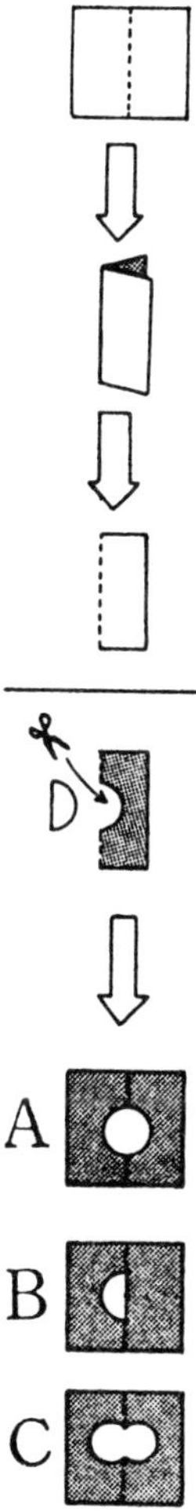

Ⓐ

將紙兩兩對折，然後用剪刀剪掉一方塊，展開後將成何種圖形？

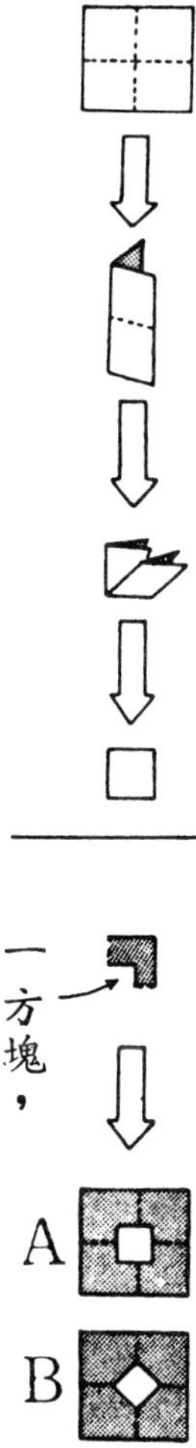

Ⓐ

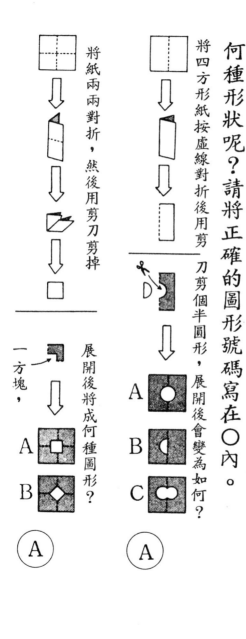

①

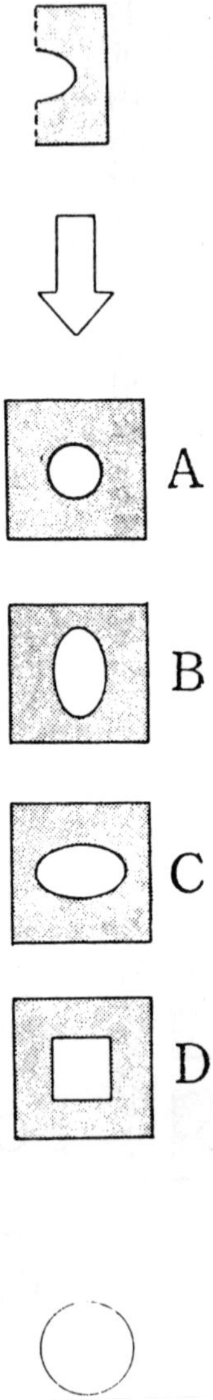

②

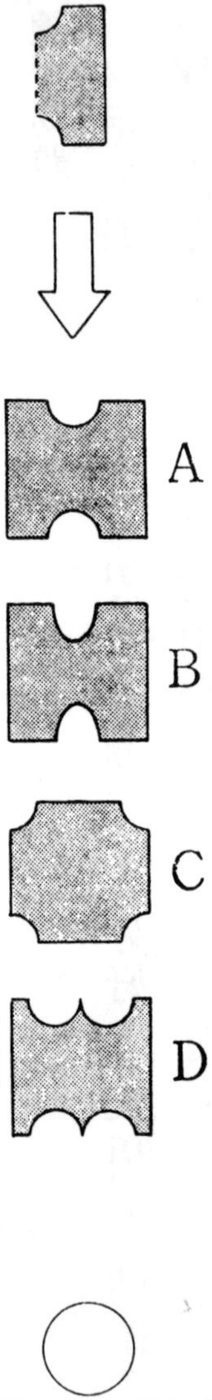

④

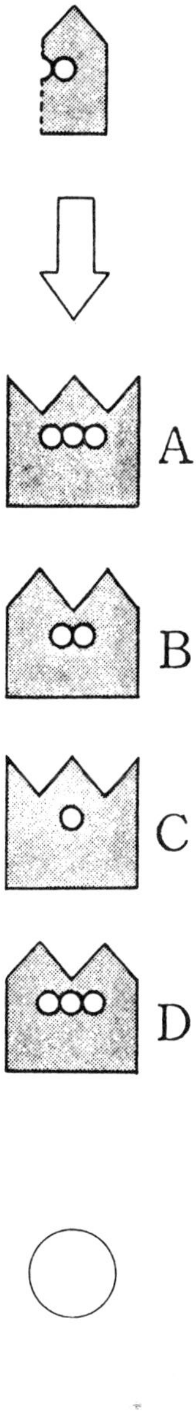

③

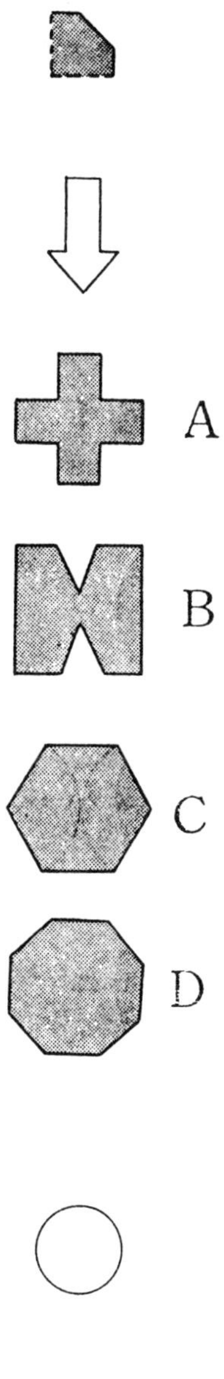

⑤

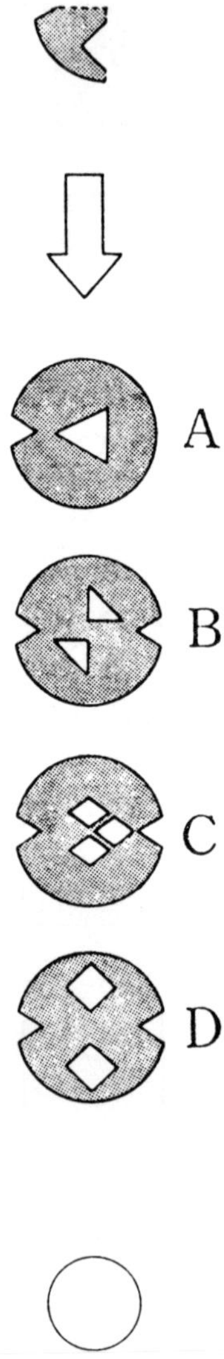

⑥

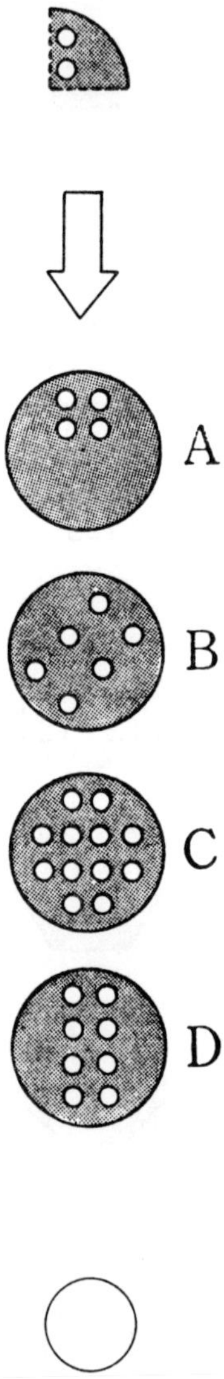

⑦

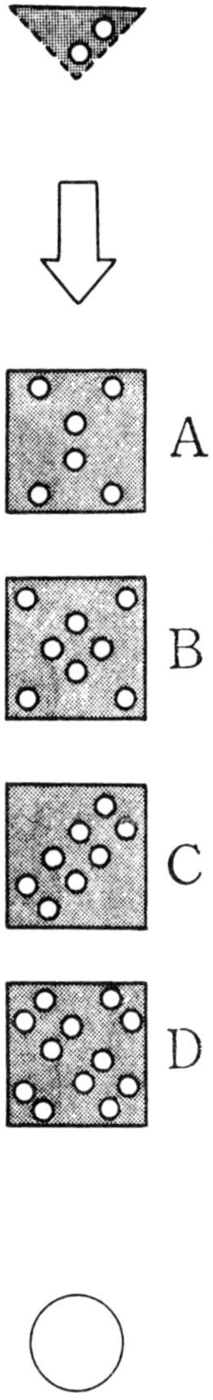

⑧

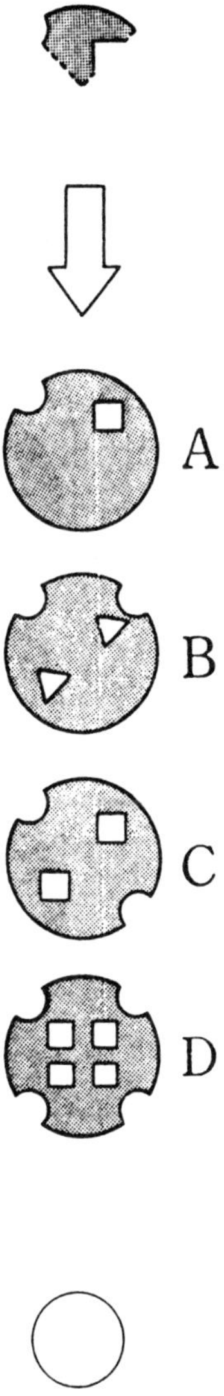

⑨

⑩

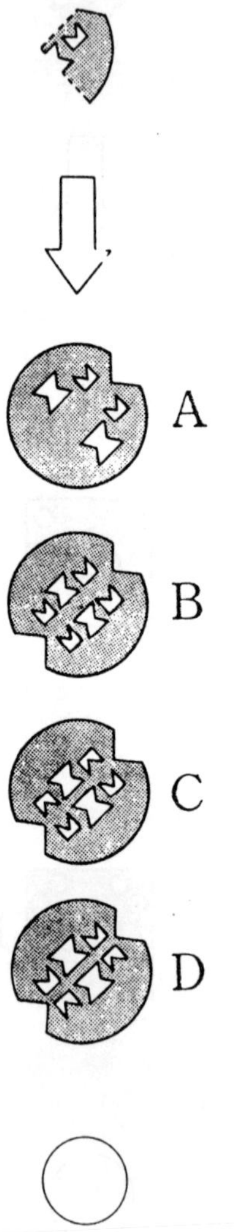

測驗3

〔限制時間4分〕

——圖形變化型式和空間的認知

「正立方體的展開圖」

〔練習問題〕

一立方體除看得見的部分外，尚包括其餘看不見的各面，問共有幾面？將正確數字寫在○內。

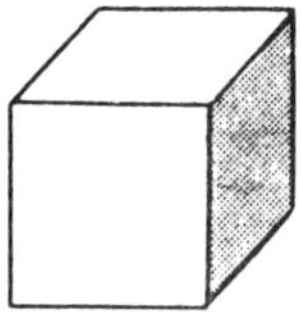

表面

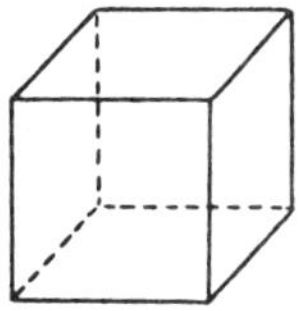

透視圖

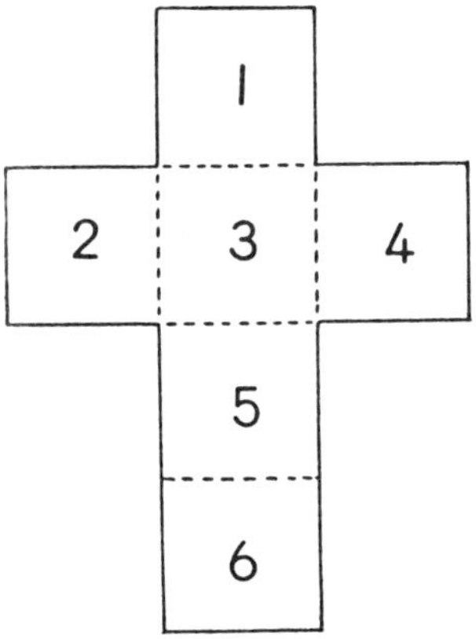

展開圖

答 (6) 面體

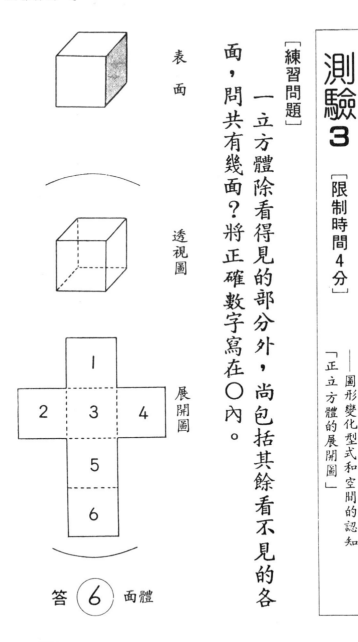

〔問題1〕

這些立體造型共有幾面？

請將答案寫在〇內。

A

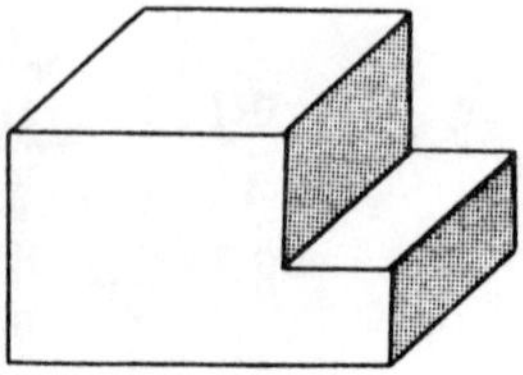

答〇面體

B

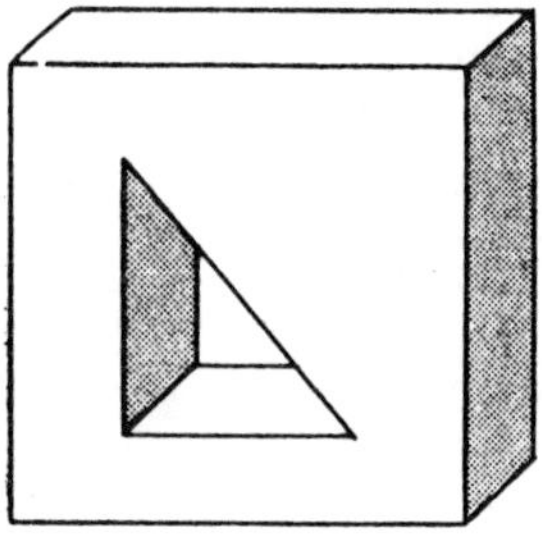

答〇面體

C

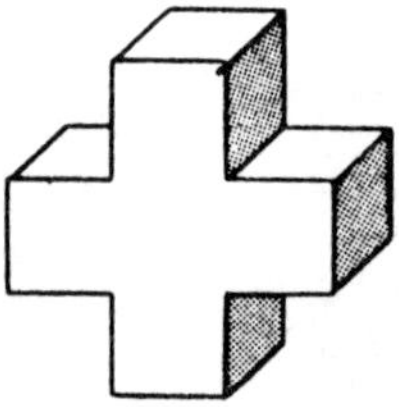

答〇面體

〔問題2〕

左邊的立方體展開後應是哪種圖形，將正確答案圈起來。

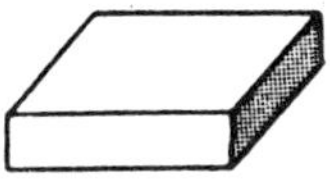

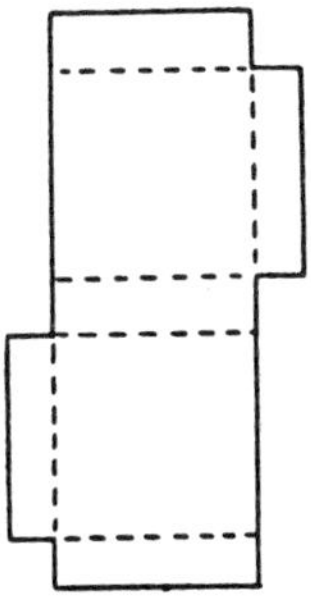

A

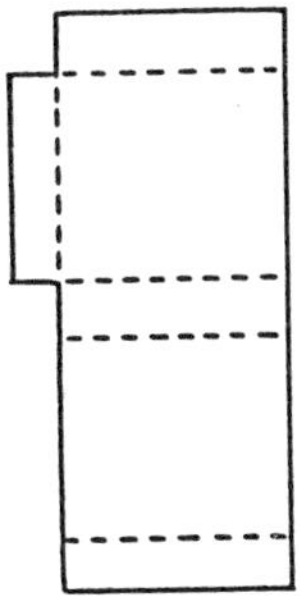

B

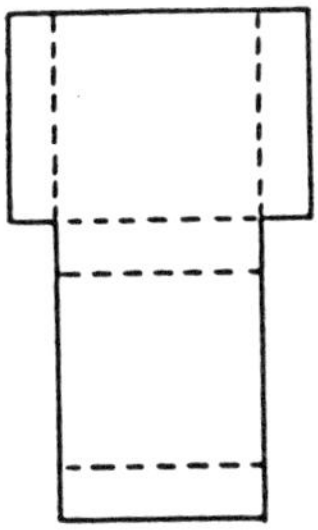

C

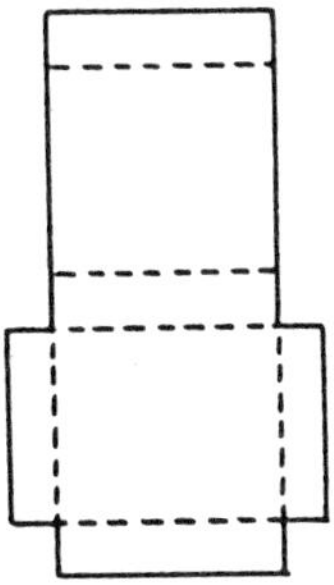

D

〔問題3〕

用硬紙板做成如圖的房子形狀，問應選下列哪一種展開圖？請將答案圈起來。

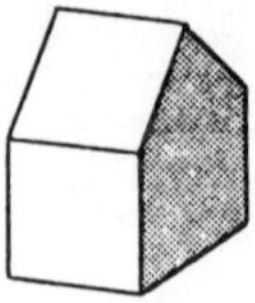

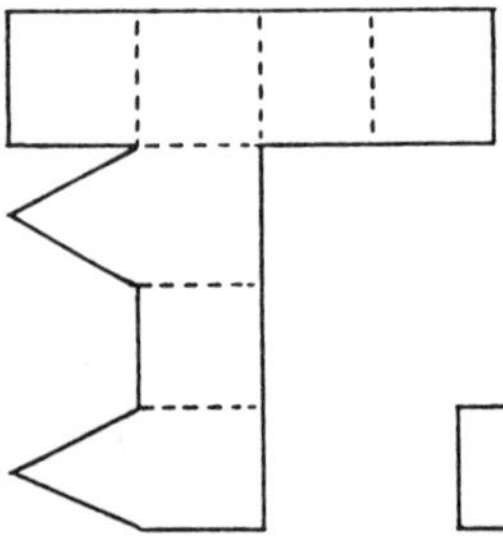

A

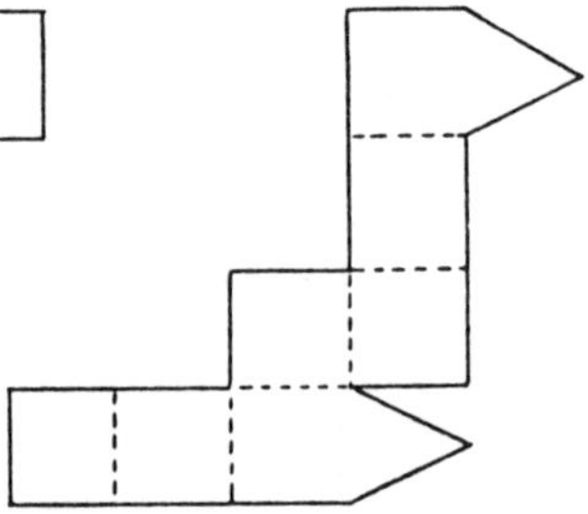

B

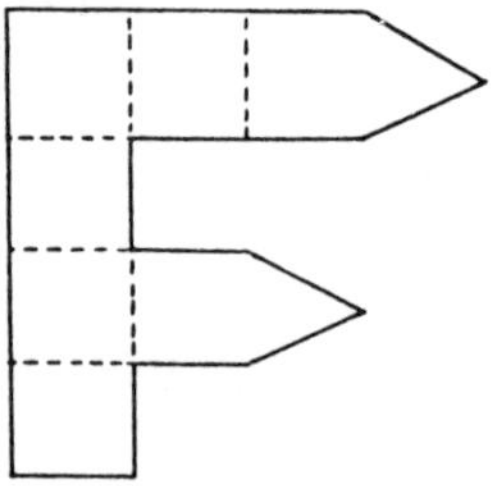

C

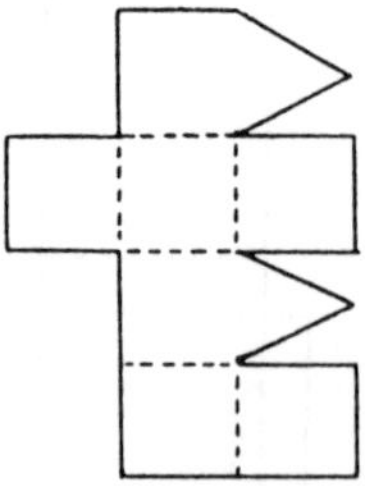

D

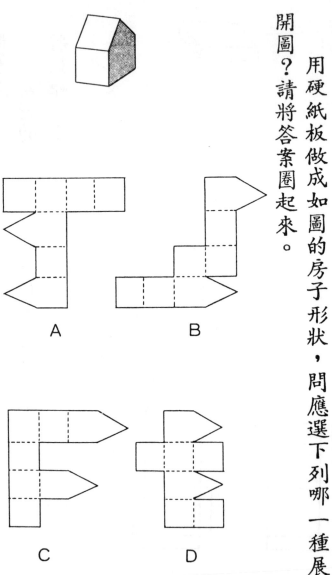

〔問題4〕

左側立方體的展開圖應是哪一個？

請將正確答案圈起來。

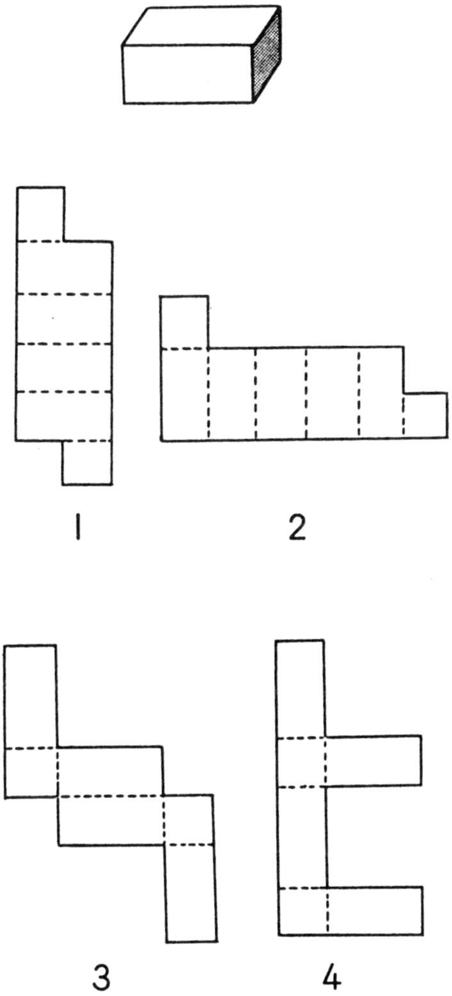

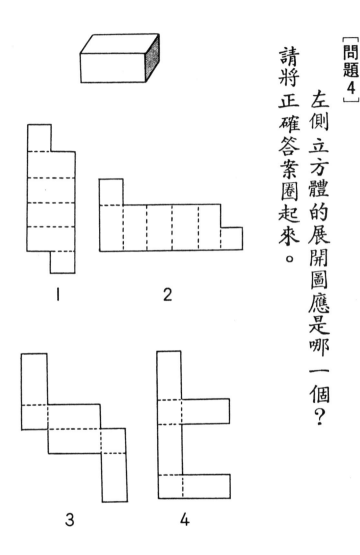

〔問題5〕

圖中三個立體圖形應為幾面圖？

請將正確數字寫在○內。

A ○面體

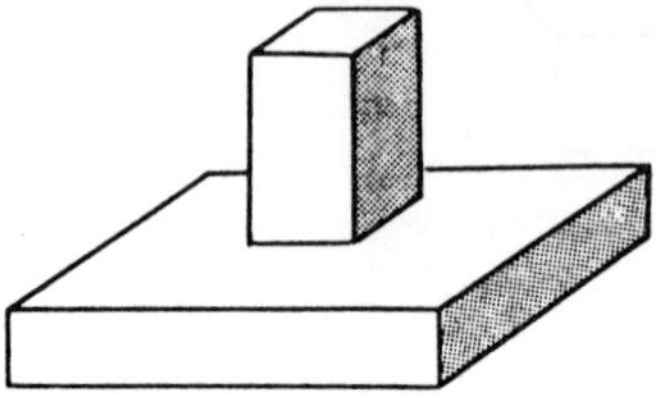

B ○面體

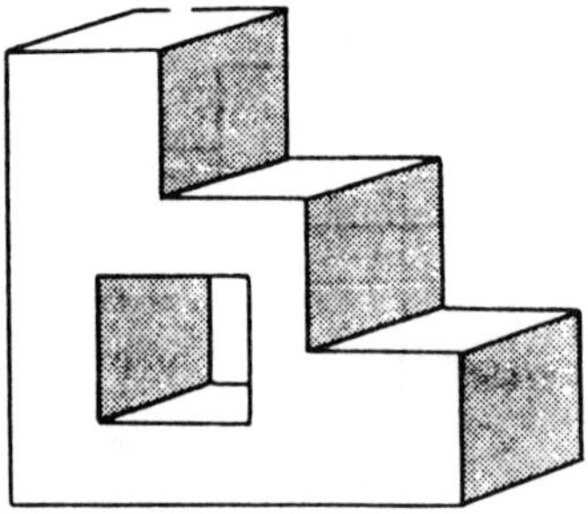

C ○面體

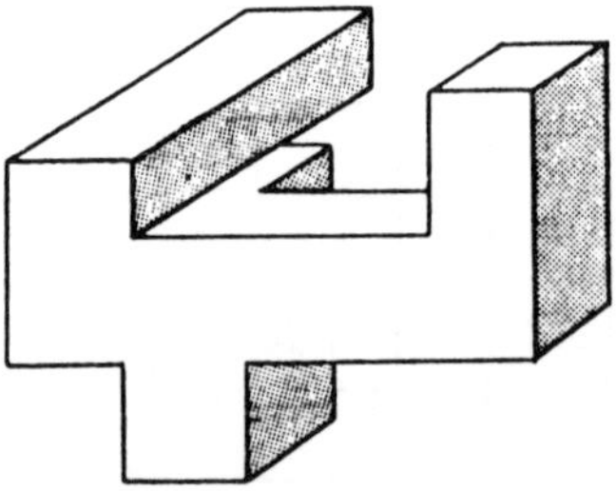

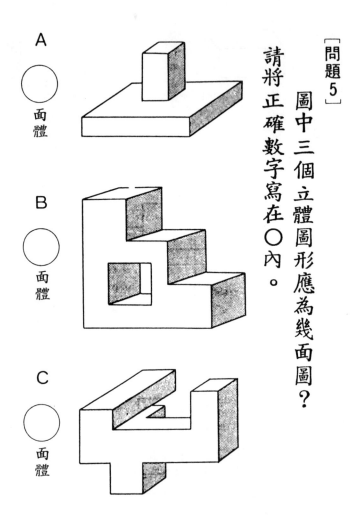

〔問題6〕

欲做成如左側的跳水台，則應選擇下列哪種圖形？請把正確答案圈起來。

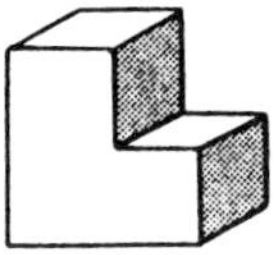

A

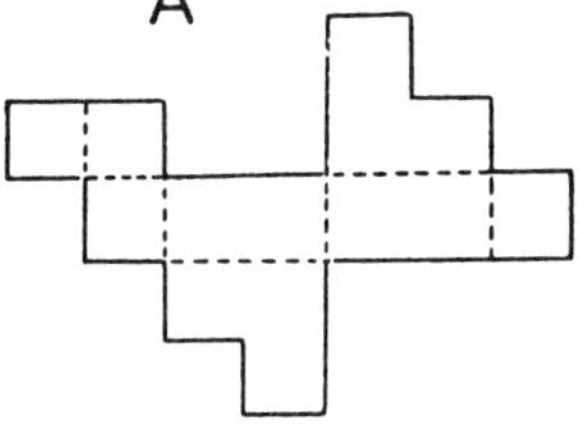

B

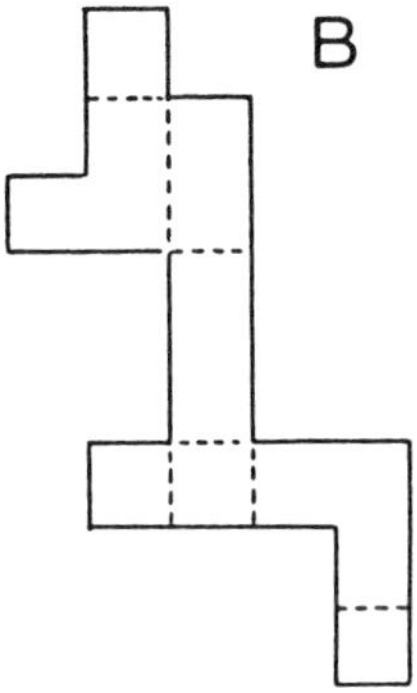

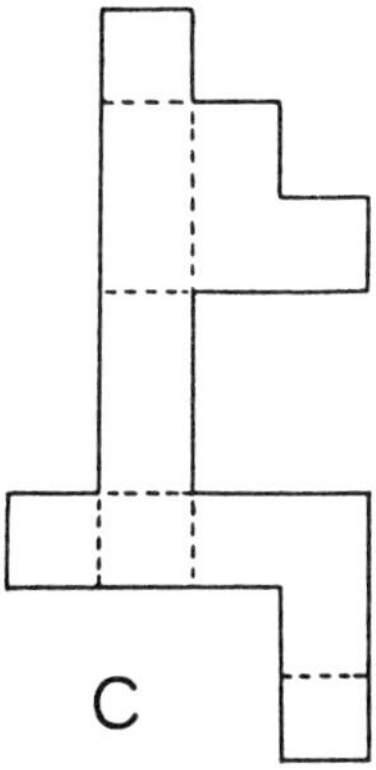

C

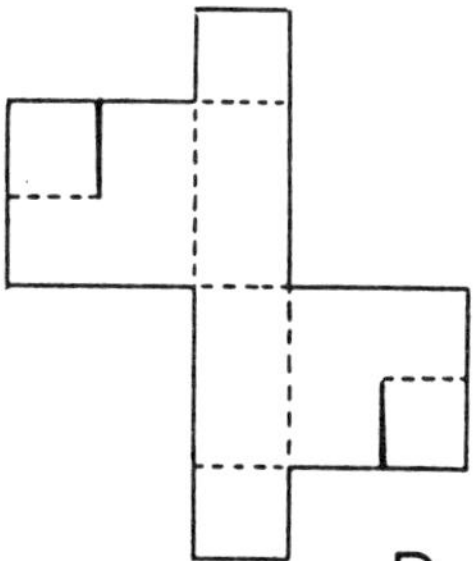

D

測驗4

〔限制時間3分〕

——理解力和連想力的運用
「填字遊戲」

在□中填入一國字，使其與上、下字皆能成一詞句。

【例題】

*左手紙
（熟語：左手；熟語：手紙）

*先生徒

*學校庭

〔問題1〕

在□中填入一適當的字。

①美□格

②質□題

③運□物

④病□候

⑤利□途

⑥意□識

⑦水□質

⑧規□額

⑨目□的

〔問題 2〕

在下圖正方形格子內是一首有名的歌詞，若你知道它從哪兒開始的話，則很容易便能將它完整地唸出來。但是不能斜著唸，□內的字皆不能重覆唸兩次，必須一字一字的唸。請依其順序用筆連起來。

山	從	我	蘭	花
中	來	帶	著	草
一	早	開	在	種
日	看	花	小	園
回	三	望	希	中

答

測驗5

〔限制時間4分〕

——可從中了解數字間的相對關係
「回轉盤的數字填寫」

〔練習問題〕

在回轉盤內的數字都是規則排列的，請在打問號的空格內填入一適當的數字，並將其正確數字圈起來。

〈題示〉

按順時鐘方向排列的數字依次加上2。

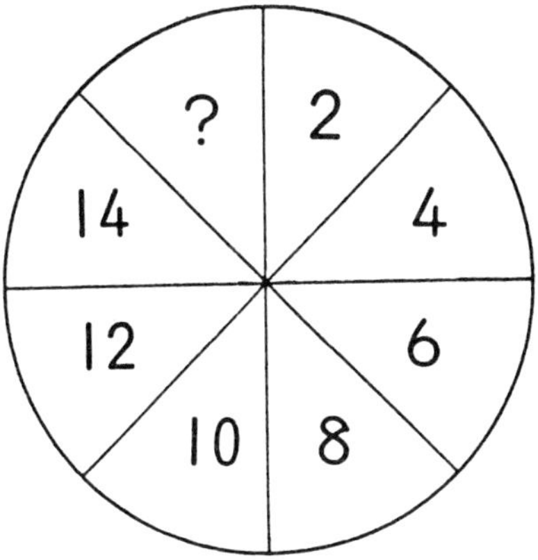

1　3　15　(16)　18

〔問題1〕

在下面的四個數字中選擇一適當的數字填入?中，並將填入的數字圈起來。

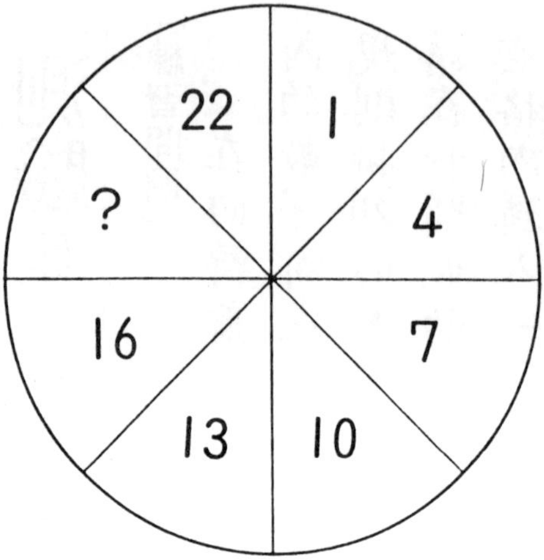

18 19 20 21

〔問題2〕

在下面的四個數字中選擇一適當的數字填入?中，並將填入的數字圈起來。

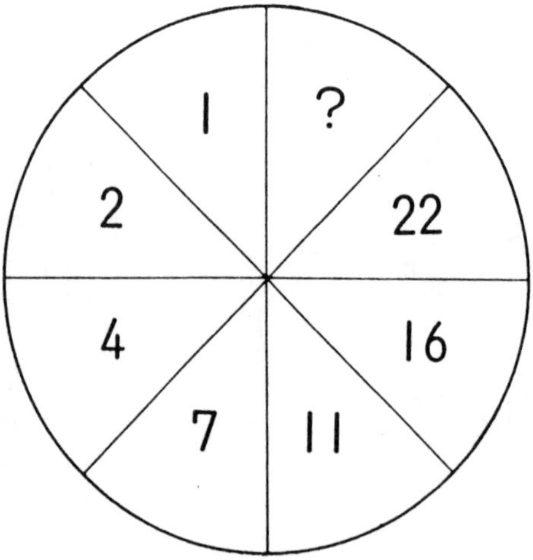

25 28 29 32

〔問題3〕

在下面的四個數字中選擇一適當的數字填入？中，並將填入的數字圈起來。

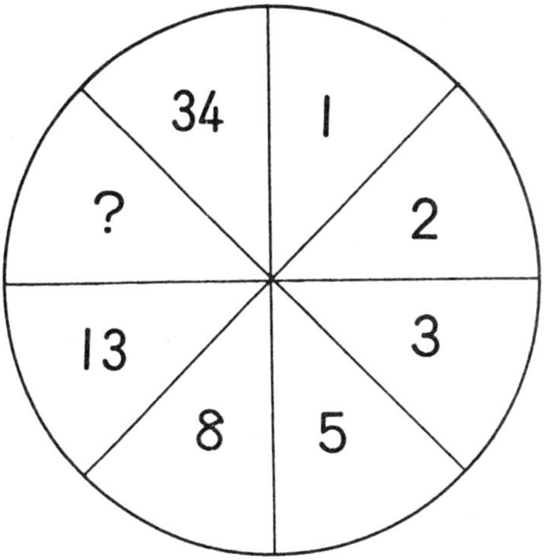

16 18 21 28

〔問題4〕

在下面的四個數字中選擇一適當的數字填入？中，並將填入的數字圈起來。

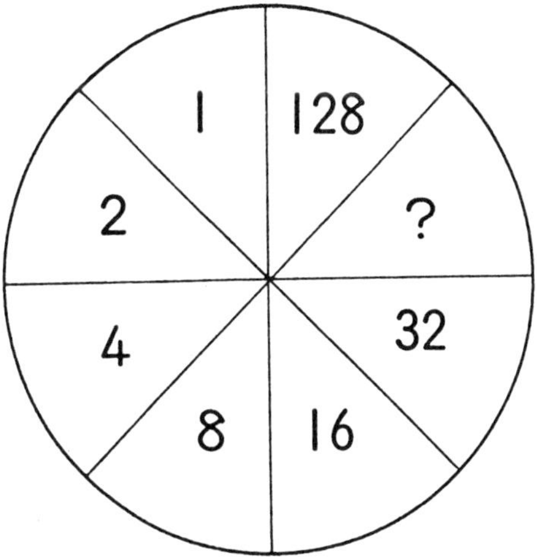

36 48 64 72

〔問題5〕

在下面的四個數字中選擇一適當的數字填入?中，並將填入的數字圈起來。

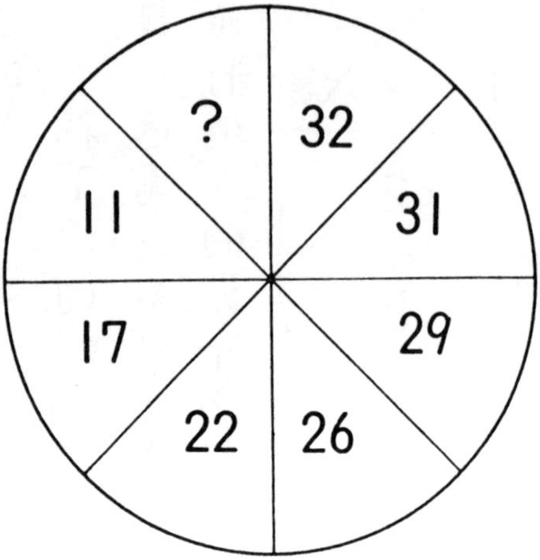

4　5　7　33

〔問題6〕

在下面的四個數字中選擇一適當的數字填入?中，並將填入的數字圈起來。

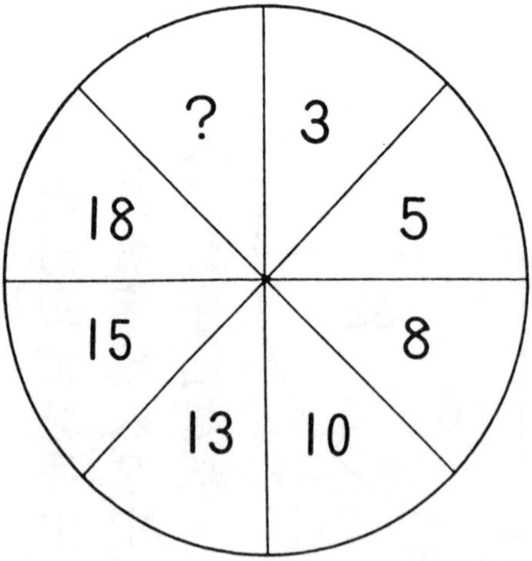

1　2　20　21

〔問題7〕

在下面的四個數字中選擇一適當的數字填入？中，並將填入的數字圈起來。

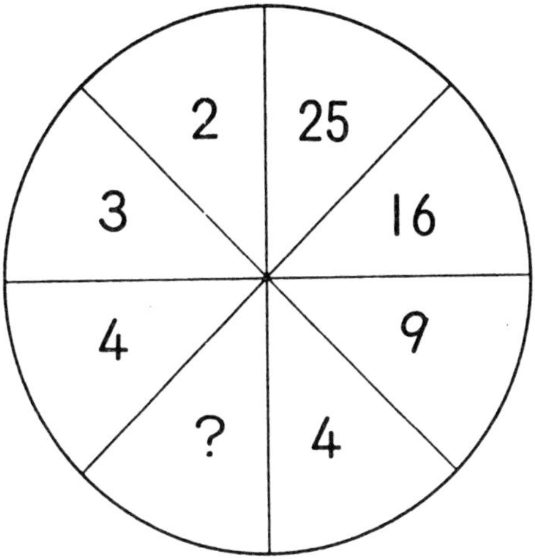

3　5　8　9

〔問題8〕

在下面的四個數字中選擇一適當的數字填入？中，並將填入的數字圈起來。

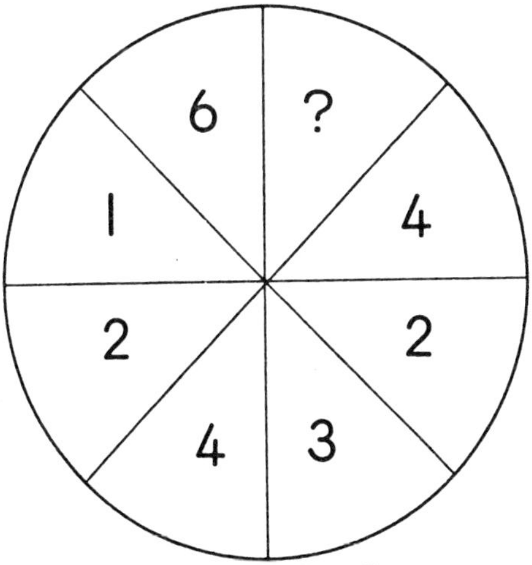

1　3　5　8

〔問題9〕

在下面的四個數字中選擇一適當的數字填入？中，並將填入的數字圈起來。

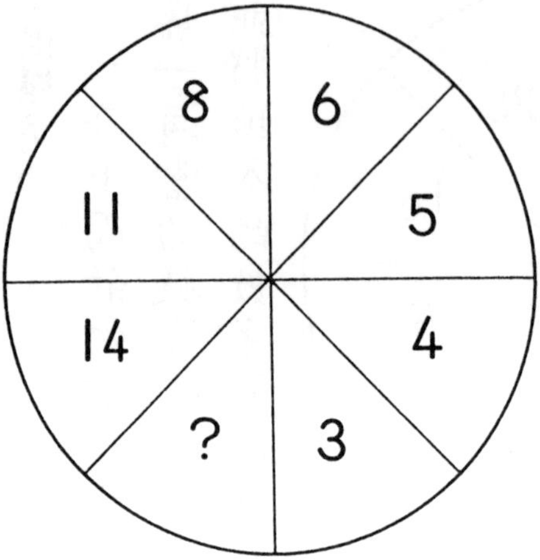

2　15　17　18

〔問題10〕

在下面的四個數字中選擇一適當的數字填入？中，並將填入的數字圈起來。

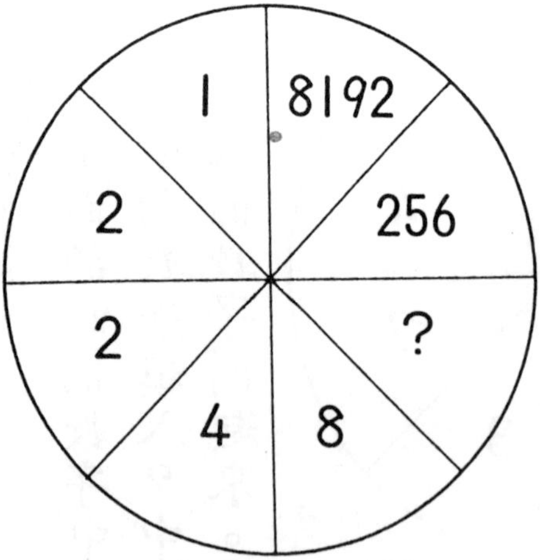

16　32　64　128

測驗6

〔限制時間5分〕

——認識圖形系列的模式

「完成魔術方陣」

〔練習問題〕

將圖形很規則地排列好，在打問號的地方應填入什麼？請在下面答案中選擇一正確的號碼將它圈起來。

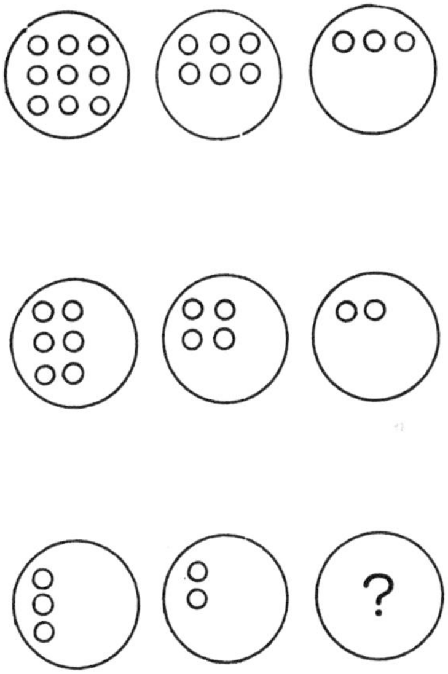

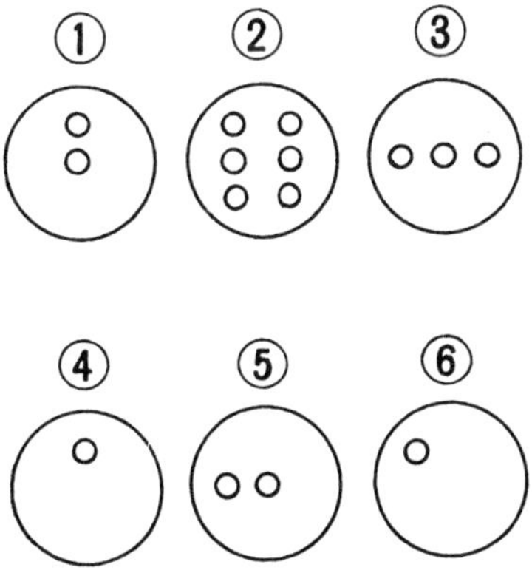

答 ⑥

由圖中可看出，各行各列都少一排。

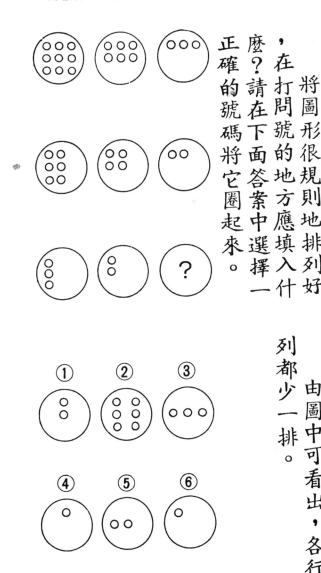

〔問題1〕

請在下面六種圖形中選出一正確的圖形放入?中，並將其號碼圈起來。

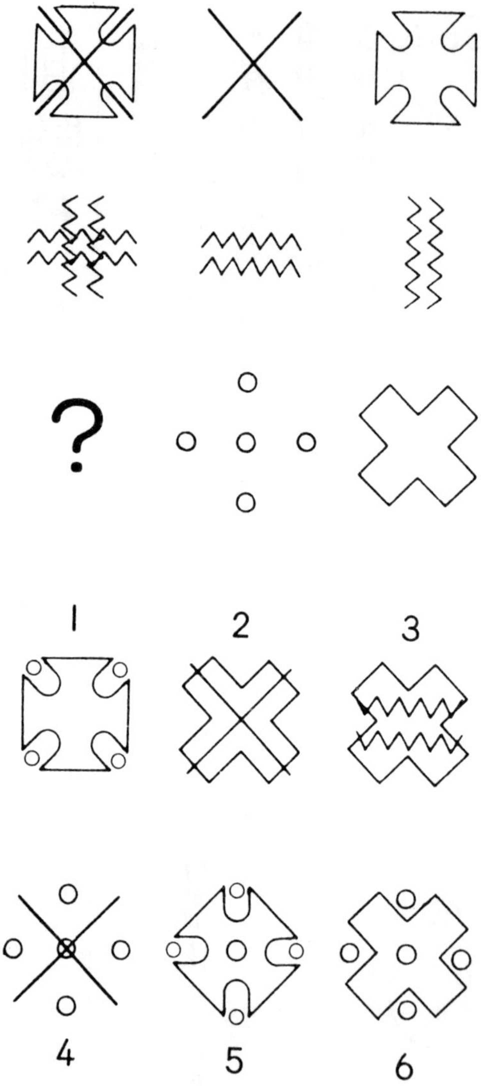

〔問題2〕

在？處應是何種圖形？請在下圖中選出正確的答案。

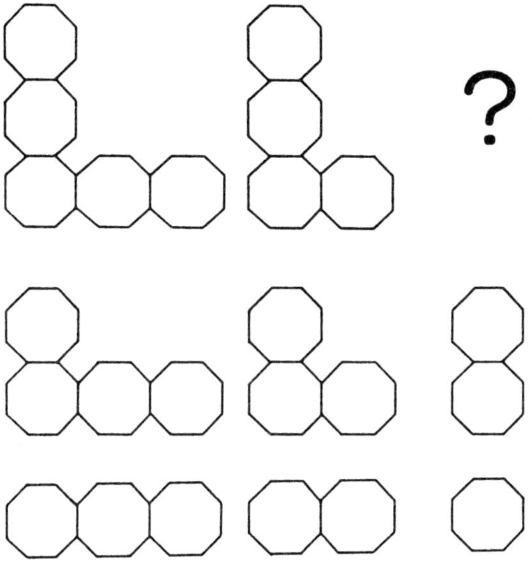

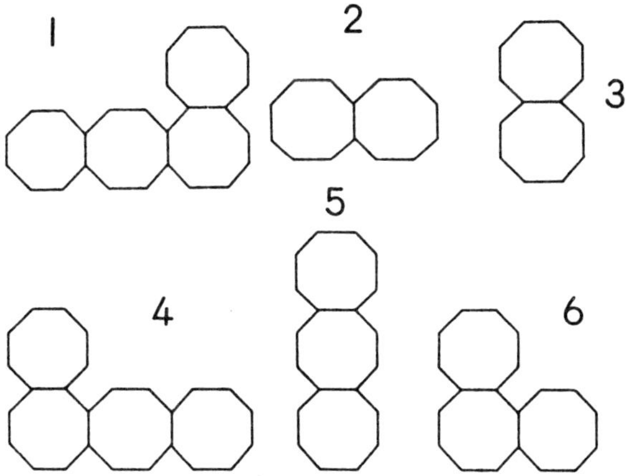

〔問題3〕

左圖是種類似蜻蜓之圖形的轉動情形，請將正確的答案圈起來。

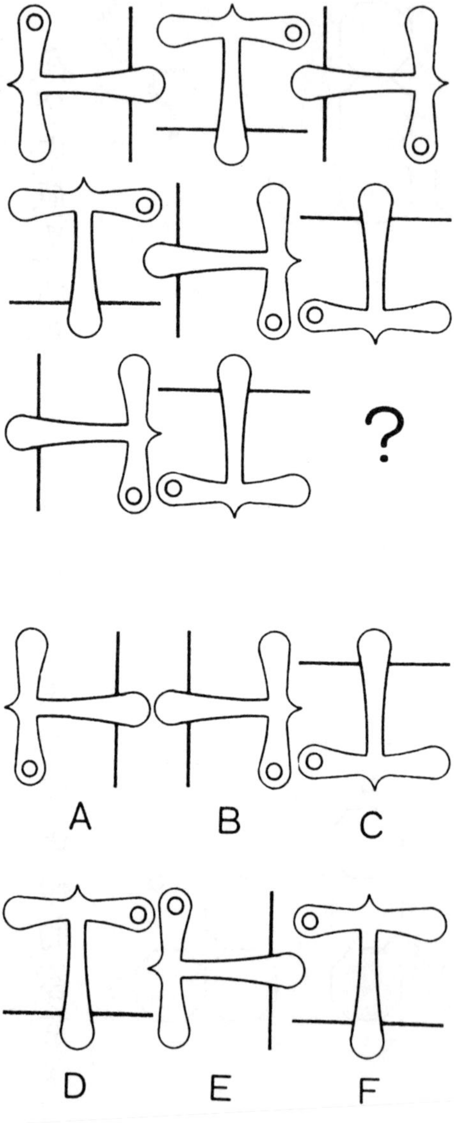

〔問題4〕

有三種不同圖案的球呈縱橫地規則排列，在○內的應是何種圖形？請在下圖中選一正確的圖形，並將號碼圈起來。

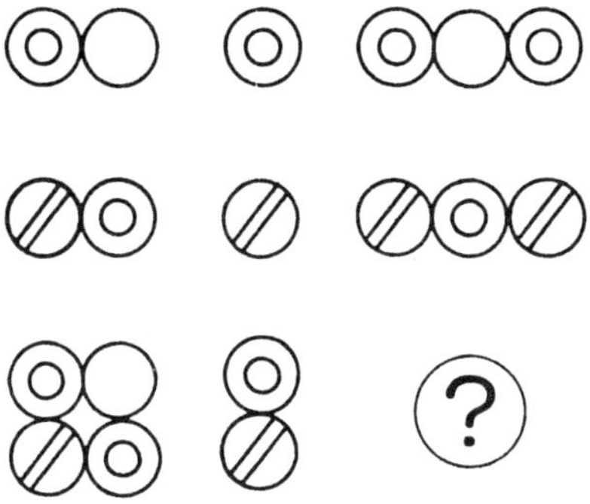

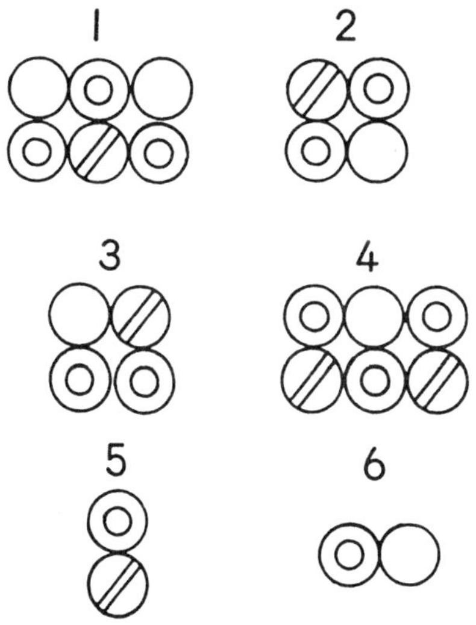

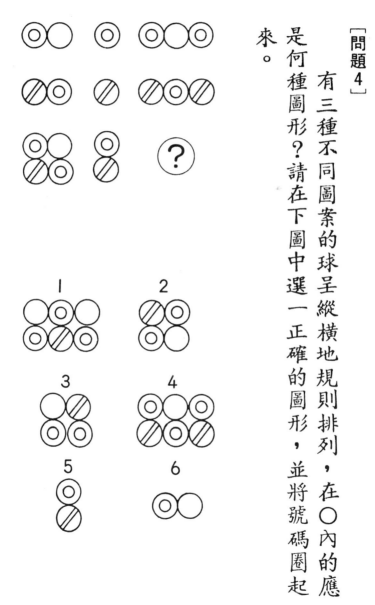

〔問題5〕

若在蛋殼上畫上眼睛、鼻子、嘴巴則會呈人形，而左側的圖形皆是未完成品，請問在？處應選哪一號碼？請將其答案圈起來。

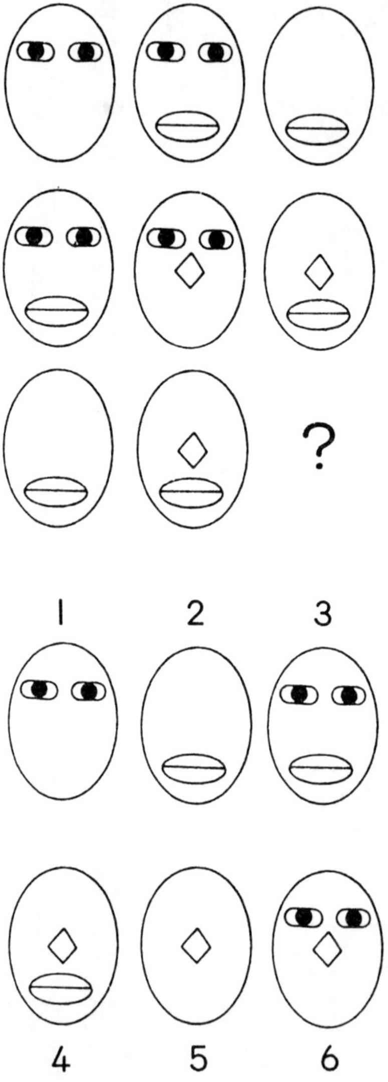

問題6

左圖皆是已編上號碼的雞，其造型都不相同，請問第九隻雞應是下圖的哪一隻？

A　B　C

D　E　F

〔問題7〕

這是一奇怪的鐘，其長短針長度皆相同，請在下面圖形中選出一適當的鐘放在?處，且在其號碼上畫個圈。

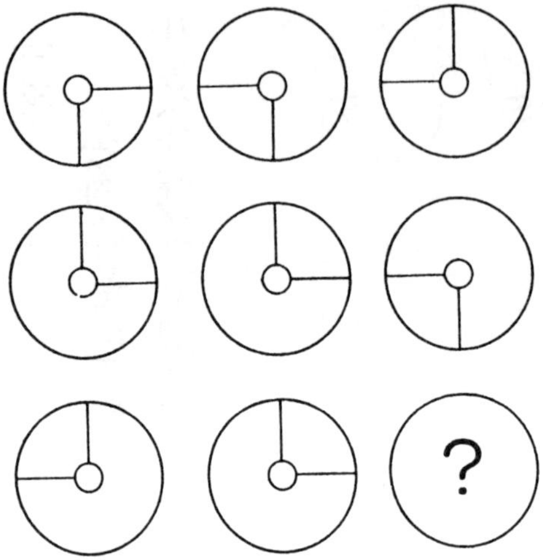

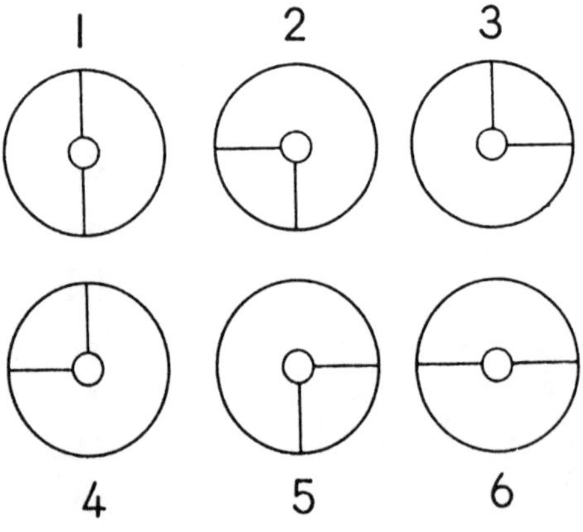

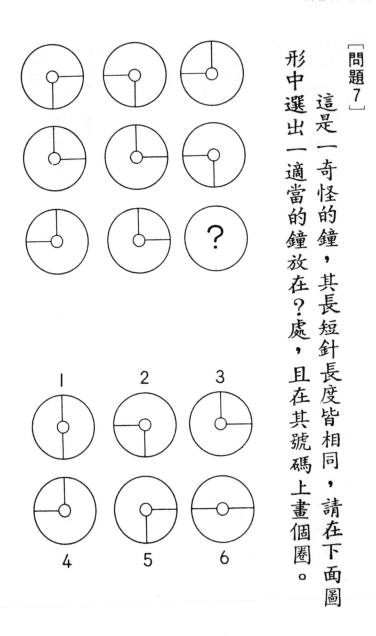

〔問題8〕

烏龜游泳時，有的把頭伸出來，有的則縮進去，在？處的烏龜應是何種游法。

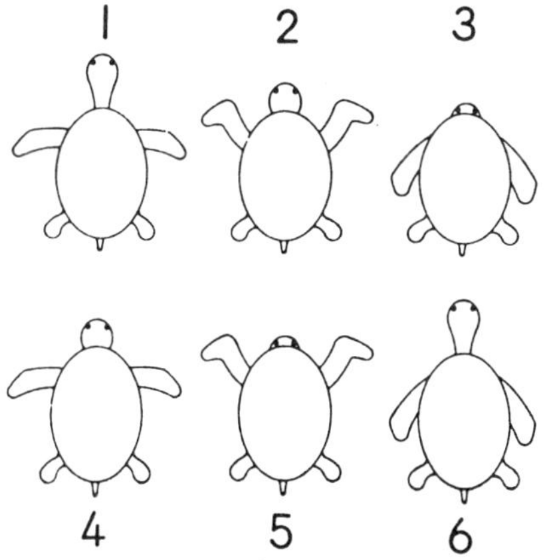

〔問題9〕

左圖的長頸鹿圖案皆不相同，請在下圖中選擇一合適的放在？處，且在號碼上畫個圈。

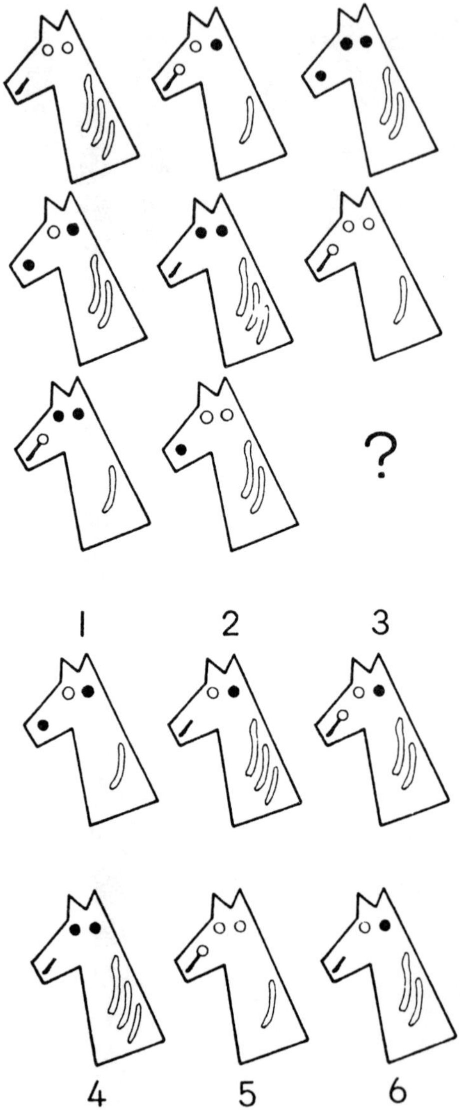

〔問題10〕

左圖看似簡單，其實不容易，請先仔細看看，再選出合適的答案。

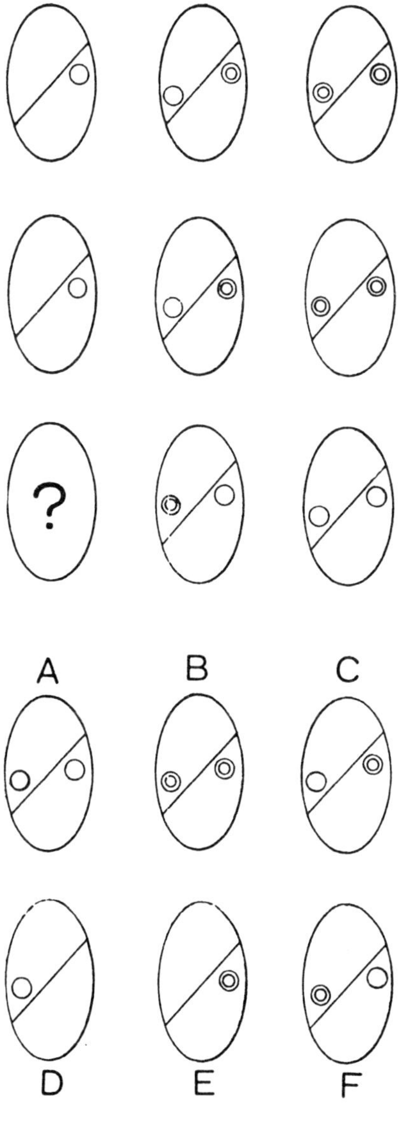

測驗7

〔限制時間9分〕

——理解力和邏輯的判斷

「暗號解讀與邏輯原則」

本測驗並非練習問題，應先將每題看清楚後再回答。

∧題示∨

光用眼睛看，可能會越看越糊塗，不如先畫圖再找出答案來。

每題看清楚後再回答。

〔問題1〕 誰家最近？

在我們鎮上有一隊媽媽芭蕾舞團，每個禮拜天都要在一所小學校裏集合練舞。

小學校位於隊長A家的北方，小學老師B的家則位於A家的西方，而帶著一年級小朋友一起來的C老師家是位於A家的東北方，從A家到C家的時間與從C家到學校的時間相等，皆只需5分鐘路程。

D的先生是芭蕾舞團的敎練，D的家位於C家的北邊，到學校去時向西走卽可到達。

請問：這些團員家依離學校遠近的排列為何？請選出正確答案來，且將其編號寫在○內。

①CDAB　②ABCD　③DCAB
④CDBA　⑤CADB

〔問題2〕就業輔導處的判斷合乎邏輯嗎？

Q大學法學院調查學生就業意向時，得到下列各項結論：

A、專攻「司法」的學生不想當公務員。

B、想當公務員的學生「行政法」都唸得很好。

C、喜歡唸「民事訴訟法」的學生，對「行政法」也唸得很好。根據這項調查結果，就業輔導處作了下面幾種解說：

①不專攻「司法」的學生希望當公務員。

②「行政法」唸得不好的學生不希望當公務員。

③喜歡「民事訴訟法」的學生希望當公務員。

④「行政法」唸得很好的學生也喜歡唸「民事訴訟法」。

⑤專攻「司法」的學生不喜歡唸「民事訴訟法」。

在上述解說中，你認為哪一項最為確實，請選一個正確的答案，將其號碼寫在○內。

答案與題解

小學(1~3年級)智力測驗(P.31~66)——答案

〔測驗1〕

1－4
2－5
3－5
4－7
5－7
6－8
7－10
8－6
9－9
10－10
11－9
12－7
13－9
14－13
15－9
16－10
17－11
18－12
19－9
20－12

〔測驗2〕

1－D
2－C
3－B
4－D
5－B
6－D
7－C
8－B
9－A
10－B
11－B
12－B
13－C
14－A
15－B
16－B
17－C
18－A
19－B
20－D

〔測驗3〕

1－3
2－3
3－3
4－3
5－2
6－3
7－4
8－1
9－2
10－2
11－2
12－2
13－3
14－2
15－2
16－2
17－2
18－2
19－2
20－4

「測驗4」

1—3
2—3
3—4
4—3
5—4
6—3
7—4
8—3
9—3
10—4
11—4
12—3
13—4
14—3
15—3
16—4
17—4
18—3
19—2
20—3

「測驗5」

1—4
2—3
3—3
4—3
5—4
6—3
7—3
8—4
9—3
10—4
11—3
12—4
13—2
14—4
15—3
16—4
17—2
18—2
19—4
20—4

「測驗6」

1—3
2—2
3—1
4—4
5—3
6—3
7—2
8—4
9—3
10—4
11—3
12—3
13—4
14—3
15—3
16—4
17—4
18—4
19—3
20—3

以上每題一分，滿分為120分

得分計〇分

◉小學低年級　智商考察法

①先找出總分和斜線上的交點。
②由交點處作一直線與智能指數線相交卽得。
③如：一個滿8歲的小孩其所得總分若為60分，則其ＩＱ為100。
④在家中做時，可能會因心情緊張或限制時間沒有控制得當而產生若干誤差。
⑤因此ＩＱ指數為100時，應看成有正負5的誤差，卽應在95～100之間。
⑥以下的對應表皆只是一近似值，只可由其中看出大致情形。
⑦智能的發展情形因人而異，通常在20歲以前是與年齡呈正比。
⑧依據現在的實足年齡，就可看出斜線來。

《年齡別智能指數和總分概算對應表》

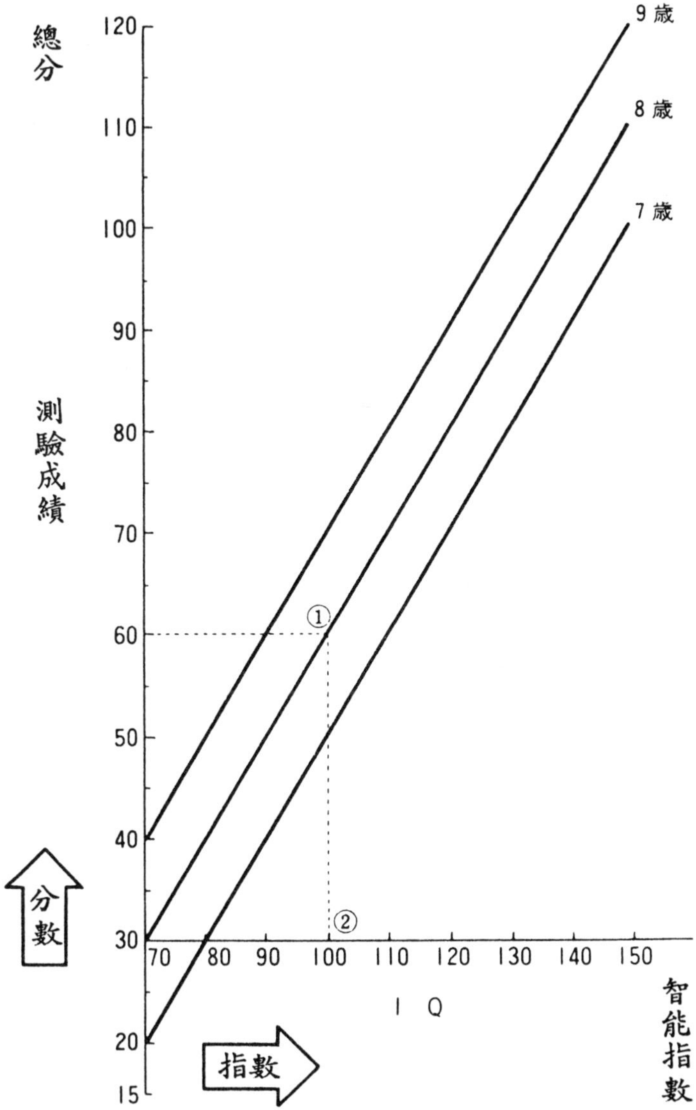

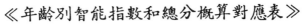

小學（4～6年級）智力測驗（P69～104）——答案

〔測驗1〕

1—3
2—4
3—2
4—3
5—3
6—4
7—3
8—2
9—2
10—2
11—2
12—1
13—4
14—2
15—2
16—3
17—1
18—3
19—1
20—3

〔測驗2〕

1—C
2—D
3—D
4—C
5—D
6—C
7—C
8—D
9—D
10—D
11—B
12—D
13—C
14—D
15—D
16—D
17—D
18—C
19—D
20—C

〔測驗3〕

1—7
2—10
3—11
4—10
5—14
6—9
7—10
8—15
9—12
10—14
11—20
12—12
13—19
14—16
15—16
16—15
17—16
18—32
19—19
20—31

〔測驗4〕

1—3
2—4
3—2
4—3
5—4
6—3
7—3
8—3
9—3
10—4
11—4
12—3
13—4
14—3
15—4
16—3
17—3
18—2
19—3
20—4

〔測驗5〕

1—D
2—C
3—D
4—C
5—A
6—C
7—C
8—B
9—C
10—C
11—D
12—D
13—D
14—C
15—D
16—C
17—C
18—C
19—D
20—D

〔測驗6〕

1—9
2—5
3—15
4—6
5—18
6—175
7—48
8—90
9—20
10—12
11—20
12—47
13—16
14—8
15—20
16—5
17—4
18—13
19—4
20—6

以上每題一分，滿分為120分

得分計○分

◉ 小學高年級　智商考察法

①先找出總分和斜線上的交點。
②由交點處作一直線與智能指數線相交卽得。
③如：滿11歲的小孩若得分為60分，則其智商為100。
④在家中做時，可能會因心情緊張或限制時間沒有控制得當而產生若干誤差。
⑤因此ＩＱ指數為100時，應看成有正負５的誤差，卽應在95～100之間。
⑥以下的對應表皆只是一近似值，只可由其中看出大致情形。
⑦智能的發展情形因人而異，通常在20歲以前是與年齡呈正比。
⑧依據現在的實足年齡，就可看出斜線來。

《年齡別智能指數和總分概算對應表》

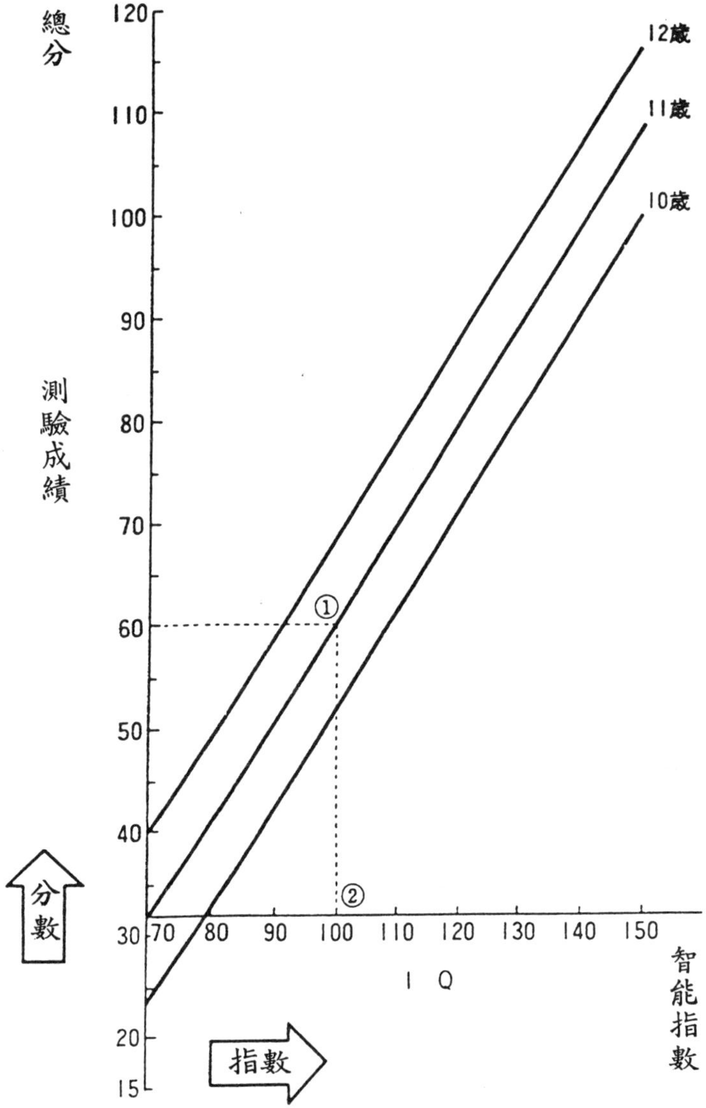

中學生（1～3年級）智力測驗——答案

「測驗1」

①4 ②一 ③2（不能演奏） ④3（絕對不是首都）

⑤3 ⑥5 ⑦3 ⑧2（異性不限於女性） ⑨4 ⑩3 ⑪4

⑫4 ⑬5 ⑭4 ⑮3 ⑯3 ⑰4 ⑱4 ⑲4 ⑳4

「測驗2」

1—B
2—D
3—B
4—D
5—C
6—B
7—D
8—C
9—D
10—B
11—D
12—D
13—D
14—C
15—B
16—C
17—C
18—D
19—D
20—B

「測驗3」

1—C
2—B
3—C
4—D
5—D
6—C
7—D
8—C
9—D
10—B
11—D
12—C
13—D
14—D
15—D
16—D
17—C
18—C
19—D
20—D

「測驗4」

1—B
2—B
3—B
4—A
5—A
6—A
7—B
8—B
9—B
10—C
11—B
12—A
13—D
14—E
15—A
16—C
17—B
18—C
19—C
20—A

〔測驗5〕	〔測驗6〕	〔測驗7〕	〔測驗8〕
1—4	1—C	1—D	1—1
2—4	2—C	2—C	2—1
3—3	3—B	3—B	3—2
4—4	4—A	4—C	4—3
5—3	5—B	5—C	5—4
6—5	6—B	6—A	6—3
7—5	7—D	7—C	7—3
8—4	8—B	8—C	8—2
9—4	9—A	9—B	9—3
10—5	10—C	10—C	10—3
11—4	11—C	11—D	11—4
12—4	12—D	12—B	12—1
13—4	13—B	13—B	13—3
14—5	14—B	14—C	14—3
15—4	15—C	15—D	15—2
16—4	16—B	16—C	16—3
17—2	17—A	17—C	17—3
18—2	18—B	18—C	18—3
19—5	19—C	19—B	19—6
20—4	20—C	20—C	20—3

以上每題一分，滿分為160分

得分計〇分

◉中學生　智商考察法

①先找出總分和斜線上的交點。
②由交點處作一直線與智能指數線相交即得。
③如：滿13歲6個月的學生若總分是80分，則其IQ為100。
④在家中做時，可能會因心情緊張或限制時間沒有控制得當而產生若干誤差。
⑤因此IQ指數為100時，應看成有正負5的誤差，即應在95～100之間。
⑥以下的對應表皆只是一近似值，只可由其中看出大致情形。
⑦智能的發展情形因人而異，通常在20歲以前是與年齡呈正比。
⑧依據現在的實足年齡，就可看出斜線來。

《年齡別智能指數和總分概算對應表》

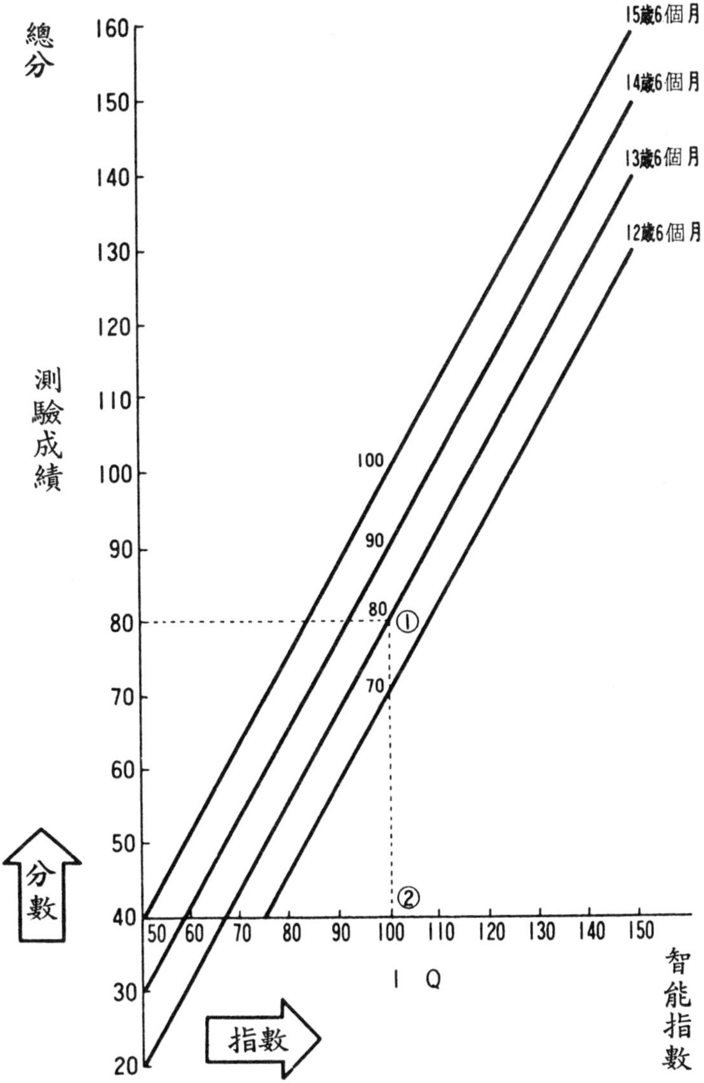

普遍級（10歲～大學生・社會人士） 答案與題解

〔測驗1〕答案與題解

〔問題1〕答案・左
〔問題2〕答案・左
〔問題3〕答案・左
〔問題4〕答案・右
〔問題5〕答案・右 請將砝碼的數目乘以距離長短以互相比較。
〔問題6〕答案・右
〔問題7〕答案・左 砝碼數和距離的乘積，右邊為23，左邊為24。
〔問題8〕答案・合 平衡─兩方乘積算為55。
〔問題9〕答案・A上、B上

以上每題一分，滿分為10分 得分計◯分

〔測驗2〕答案

①－G
②－A
③－D
④－D
⑤－D
⑥－D
⑦－C
⑧－C
⑨－D
⑩－C

以上每題一分，滿分為10分

得分計◯分

〔測驗3〕答案

〔問題1〕答案・A8、B9、C14
〔問題2〕答案・C
〔問題3〕答案・D
〔問題4〕答案・3
〔問題5〕答案・A11、B14、C17
〔問題6〕答案・D

以上每題一分，滿分為10分

得分計◯分

〔測驗4〕答案

〔問題1〕①人 ②問 ③貨 ④症 ⑤用 ⑥見 ⑦氣 ⑧定 ⑨標

〔問題2〕節自胡適先生所著新詩：蘭花草—我從山中來，帶著蘭花草，種在小園中，希望花開早，一日看三回。

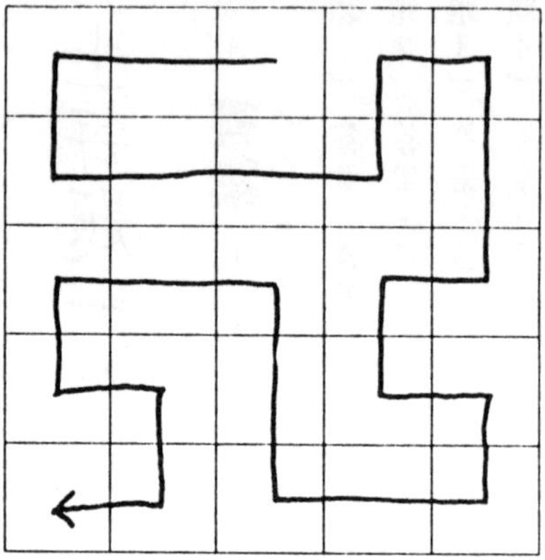

以上每題一分，滿分為10分　得分計◯分

〔測驗5〕答案與題解

〔問題1〕答案：19
前面的數字逐一加上3。

〔問題2〕答案：29
前面的數字為逐個加1.2.3.4.5……的結果。

〔問題3〕答案：21
各數為前二數加起來的和。

〔問題4〕答案：64
前數之二倍。

〔問題5〕答案：4
在空格內的數字是依順時鐘方向逐次減去1.2.3.4.5……而成，依此規則其答卽為11減7等於4。

〔問題6〕答案：20
空格內之數字是依順時鐘方向逐個加2、加3、加2、加3卽成。

〔問題7〕答案：5
左半圈數字的平方卽和右半圈的數字相同。數25＝5×5

〔問題8〕答案：8
兩相對應的扇形內的數字間有倍數的關係，卽2倍（或二分之一倍）。

〔問題9〕答案：17
圖形呈逆時鐘方向旋轉，右半圈都加一，而左半圈各加3。

〔問題10〕答案：32
1×2＝2、2×2＝4、2×4＝8、4×8＝32、8×32＝256，皆為前二數的乘積。

以上每題一分，滿分為10分

得分計〇分

〔測驗6〕答案與題解

〔問題1〕答案・6　每一排圖形皆互相重疊。

〔問題2〕答案・5

〔問題3〕答案・E　行、列皆是依時鐘轉法。

〔問題4〕答案・4

〔問題5〕答案・5　眼睛與眼睛重疊，眼睛即消失。

〔問題6〕答案・D　增減數字及尾巴上的線條即成。

〔問題7〕答案・5

〔問題8〕答案・4

〔問題9〕答案・2　◎＋◎＝○、○＋○＝◎、◎＋○則消失，請依此規則去找答案。

〔問題10〕答案・E

以上每題二分，滿分為20分　得分計〇分

〔測驗7〕答案與題解

〔問題1〕答案・③（2分）

請把文章先簡化成圖畫。

碰到這種問題，不能光仔細看問題，而應先找出其基準點，再把圖案畫出來。只要以A家為基準點，依各家的方位畫成圖即可找出答案。求此類方向和距離的問題，需先把過多的「形容詞」去掉，由其方位和距離中顯示一兩邊相等的三角形來，就可看出其答案為③DCAB。

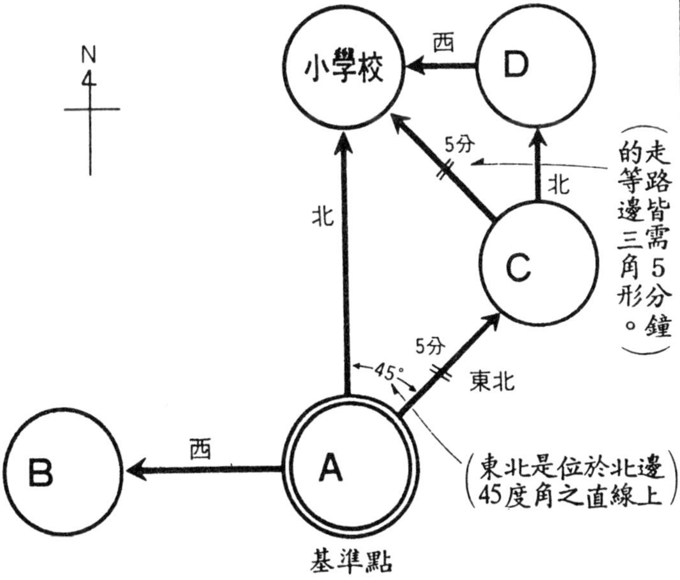

◉普遍級　智商考察法

①先找出總分和斜線上的交點。

②由交點處作一直線與智能指數線相交卽得。

③如：滿15或16歲若總分是50分，則其ＩＱ爲100。

④在家中做時，可能會因心情緊張或限制時間沒有控制得當而產生若干誤差。

⑤因此ＩＱ指數爲100時，應看成有正負5的誤差，卽應在95～100之間。

⑥以下的對應表皆只是一近似值，只可由其中看出大致情形。

⑦智能的發展情形因人而異，通常在20.歲以前是與年齡呈正比。

⑧依據現在的實足年齡，就可看出斜線來。

≪年齡別智能指數和總分概算對應表≫

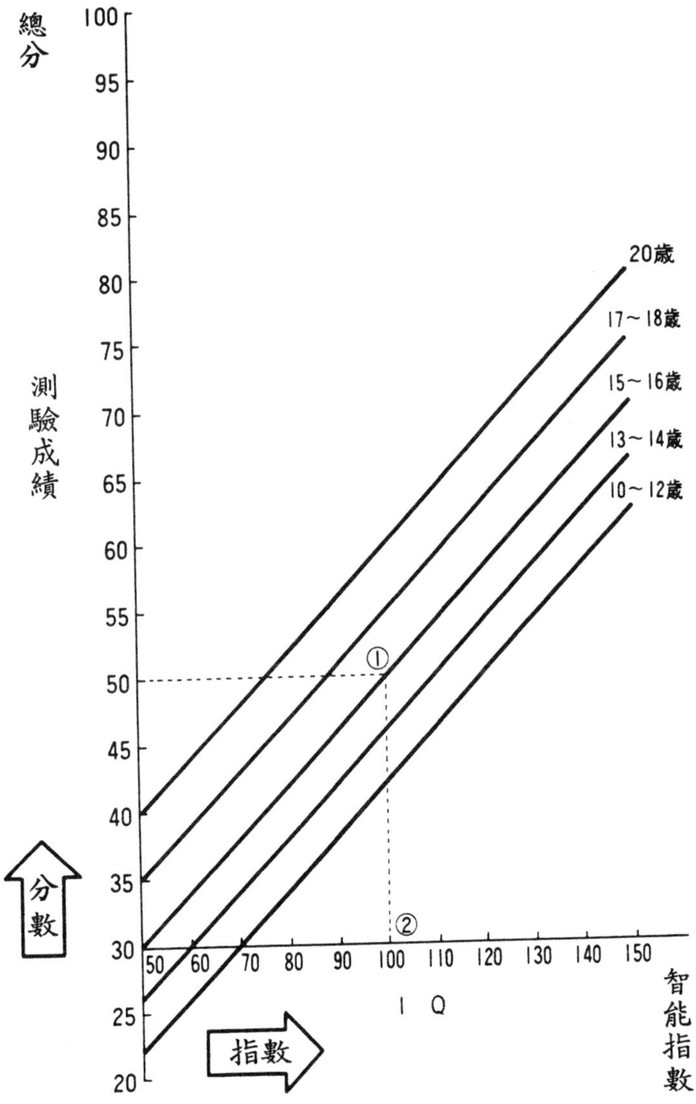

國家圖書館出版品預行編目資料

測驗你的IQ / 蕭京凌編著. -- 初版. -- 臺北
市 : 大展, 民89
面 ;   公分. --(休閒娛樂 ; 32)
ISBN 957-557-981-X(平裝)
1. 智力測驗
179.2　　89000512

ISBN 957-557-981-X

測驗你的IQ

編 著 者／蕭 京 凌
發 行 人／蔡 森 明
出 版 者／大展出版社有限公司
社　　址／台北市北投區（石牌）致遠一路二段12巷1號
電　　話／(02) 28236031・28236033
傳　　眞／(02) 28272069
郵政劃撥／0166955－1
登 記 證／局版臺業字第2171號
承 印 者／國順圖書印刷公司
裝　　訂／嶸興裝訂有限公司
排 版 者／千兵企業有限公司
初版1刷／2000年（民89年）3月

定　　價／180元

大展好書 好書大展

大展好書 好書大展